책과 함께하는 독서 심리 치료

책과 함께하는 독서 심리 치료
독서, 마음의 치료제

초판 1쇄 발행 2024년 6월 19일

지은이 이재연, 김미나
펴낸이 장길수
펴낸곳 지식과감성#
출판등록 제2012-000081호

교정 김나현
디자인 이현, 강샛별
편집 강샛별
검수 주경민, 이현
마케팅 김윤길, 정은혜

주소 서울시 금천구 벚꽃로298 대륭포스트타워6차 1212호
전화 070-4651-3730~4
팩스 070-4325-7006
이메일 ksbookup@naver.com
홈페이지 www.knsbookup.com

ISBN 979-11-392-1916-6(03180)
값 16,700원

• 이 책의 판권은 지은이에게 있습니다.
• 이 책 내용의 전부 또는 일부를 재사용하려면 반드시 지은이의 서면 동의를 받아야 합니다.
• 잘못된 책은 구입하신 곳에서 바꾸어 드립니다.

지식과감성#
홈페이지 바로가기

가까운 곳에 마음을 위로해 줄 친구가 있습니다

책과 함께하는
독서 심리 치료

독서, 마음의 치료제

이재연 · 김미나 지음

**마치 뾰족한 압정을 한 움큼씩 쥐고 있는 기분이라면,
화나 분노로 등이 흠뻑 젖고 목이 바짝 마른다면…**

"이 책에 실린 모든 글이 독자들에게 '상처'와의 작별 편지가 되길 바랍니다."

목차

프롤로그   8

1장
누군가 건네는 인사에 마음을 열어요

01 나 자신과의 불통을 끊어 내는 해결사   12
02 날기 위해서 뼛속까지 비워 내는 새   16
03 나의 장점을 살펴보게 하는 작은 움직임   20
04 차가운 바람에 잃어버린 온기를 찾아   24
05 말이 일몰이라면 글은 여명   28
06 지혜와 지구력은 형제   33
07 들켜 버린 고통은 회복의 발자국   37
08 내 마음에 피는 꽃   41
09 썩은 과일 같은 잘못된 버릇   45

2장

당신의 마음과 함께하고 싶어요

01 느리지만 어느 순간 더욱 반짝반짝 빛나는 별	50
02 마음에 전해지는 따뜻한 온도	56
03 기억과 감정을 살리는 긍정적인 생각	60
04 마음의 점검	64
05 가장 좋은 생각과의 동행	67
06 시간의 조각을 품은 마음의 외침	71
07 눈을 통한 마음 읽기	75
08 용서라는 단어 뒤에 숨은 아픔	79
09 세상의 모든 웃음의 시작	83
10 여유로움을 선사해 주는 움직임	87

3장
버려도 자꾸 찾아오면 책을 방패 삼으세요

01 절대로 악수해서는 안 되는 대상   94
02 오랜만에 맛보는 햇볕, 긍정 멀미   98
03 마음을 점령한 안개 군단   102
04 내 마음의 로또   105
05 종종걸음 안에 숨어 있는 걱정   109
06 정체를 알 수 없는 희미한 자아   113
07 계절 중 가장 짧은 가을, 가장 깊은 울적함   117
08 해결되지 않는 지침   121
09 빛날수록 잃어 가는 나 자신의 빛   125
10 꼬리에 꼬리를 무는 생각   129

4장

보내지 못하는 마음을 정리해 보세요

01 엉망진창인 마음의 보안　　　　　　　　　　136
02 불안감 위에 새긴 글자　　　　　　　　　　　140
03 시간의 주름들을 둘러싸고 있는 감정　　　　　144
04 마음길 위, 어두운 길을 밝히는 강력한 한 줄기 빛　148
05 시간을 쌓아 놓은 관계, 가족　　　　　　　　　153
06 울음에서 웃음까지 가는 길　　　　　　　　　　157
07 양인 줄 아는 늑대　　　　　　　　　　　　　　161
08 마음의 배고픔, 육아　　　　　　　　　　　　　165
09 정성과 마음이 담긴 사는 맛　　　　　　　　　169
10 온몸으로 피워 내는 대화의 꽃　　　　　　　　174
11 비워 내야 채워지는 빛　　　　　　　　　　　　178

에필로그　　　　　　　　　　　　　　　　　　　182

프롤로그

　책 읽는 행위가 '상처'와 '회복'의 구분을 없앤다는 것을 믿습니다. 이것은 독서가 '치유의 손길'임을 받아들이는 일이기도 합니다.

　'글자'와 '나' 그리고 '상처'와 '회복' 사이에서 주체와 객체의 구분은 날아가 버리고, 오직 건강한 자아의 리듬만이 물결치는 것을 느낍니다. 이 책에 실린 모든 글이 독자들에게 '상처'와의 작별 편지가 되길 바랍니다.

　마치 뾰족한 압정을 한 움큼씩 쥐고 있는 기분이라면, 또 화나 분노로 등이 흠뻑 젖고 목이 바짝 마른다면, 이 책을 펼쳐 들고 글자와 손잡고 걷는 것만으로도 멸종되었던 '객관적 생각'들이 솟아나고, 손바닥 위에 가득했던 압정들은 아이스크림 녹듯 흘러내릴 겁니다.

유통 기한이 한참 지났어도 사라지지 않는 검은 생각이 나를 쓰러트리지 않도록, 알록달록한 글자들을 마음에 주워 담길 바랍니다.

산책 중 우연히 주운 나뭇잎 하나가 마음 전체를 녹색으로 물들이듯, 독서 중 우연히 발견하는 글자 하나가 생각 전체를 빛으로 밝히면 좋겠습니다.

세상에 존재하지 않는 농담이 저절로 입에서 튀어나오도록 마음에 온갖 글자를 담아야 합니다.

이재연·김미나 드림

1장

누군가 건네는 인사에 마음을 열어요

나 자신과의 불통을 끊어 내는 해결사
날기 위해서 뼛속까지 비워 내는 새
나의 장점을 살펴보게 하는 작은 움직임
차가운 바람에 잃어버린 온기를 찾아
말이 일몰이라면 글은 여명
지혜와 지구력은 형제
들켜 버린 고통은 회복의 발자국
내 마음에 피는 꽃
썩은 과일 같은 잘못된 버릇

01
나 자신과의 불통을 끊어 내는 해결사

 유난히 남겨 주신 댓글들을 오랫동안 되새김질해 봅니다.

 봄을 닮은 글들 덕분에 자꾸 뒤를 따라오던 서늘했던 눈길이 사라집니다. 조금씩 따뜻해지는 느낌이 다리를 타고 허리를 돌아서 목뒤로 감겨 오는 것을 느낍니다. 저도 모르게 눈을 감습니다. 괜스레 가슴이 벅차오릅니다. 글로 위로를 드려야 하는데 글로 위로를 받으니 묘한 기분을 넘어 오가는 발길조차 드물었던 감동이 찾아왔습니다.

 밑도 끝도 없이 음악을 듣고 싶다는 생각에 유튜브로 노래를 검색해 재생 버튼을 꾹 눌렀습니다. 잠들어 있는 낡은 마음을 깨워 음악의 어깨에 기대고 싶었습니다. 음악이 건네는 소리 앞에 지친 마음 하나쯤 편안하게 널 수 있겠다고 생각하며 남아 있는 지친 마음들을 위해 조용히 책장을 넘깁니다. 첫 장을 넘기자마자 치유의 손길이 기다리고 있다는 걸 깨닫습니다.

어쩌면 몸은 배반 한 자락쯤 품고 태어나는 건지도 모릅니다.

어려서 그렇게 토하도록 열심히 운동했어도 꾸준히 하지 않으면 어른이 되어서는 언제든 쉽게 무너지기 마련입니다. 하지만 희망은 여전히 제 안에서 키를 키우고 있습니다.

힘든 생각과 감정 한 자락 두 자락 하얗게 빨아서 글자의 어깨에 널어 두면 금방이라도 깨끗하게 마릅니다. 이렇게 걱정과 현실이 겹치면서 터져 나오는 한숨을 갈무리하기 쉽지 않을 때는 역시 책을 펼치고 글자를 받아들이는 것이 최고입니다.

글은 타인과의 불통도 소통으로 도움을 주지만 나 자신과의 불통을 끊어 내는 해결사입니다.

나 이외에 어떤 누구와도 다시는 안 볼 듯 소리를 지르며 돌아설 수 있지만, 나 자신과는 불가능한 일입니다. 마음의 길모퉁이에서 삿대질까지 동원하면서 아무리 싸워 봐도 결국 또 느껴야 하고 손을 잡고 걸어야 하는, 떼려야 뗄 수 없는 존재입니다. 이런 나 자신과의 소통이 힘들 때는 글을 읽어야만 불통으로 몸살을 앓고 있을 때 한 방에 해결할 수 있는 약이 됩니다.

귀를 닫고 오로지 할 말만 외치는 생각과 삿대질하기에 여념이 없는 감정이 서로 외면하는 진실이 무서울 때, 책을 들어 글자를 보면 언제 그랬냐는 듯 서로의 가슴에 박힌 칼날을 뽑아 약도 발라 주고 회복할 수 있도록 기다려 주는 변화가 시작됩니다. 생각과 감정은 서로 만날 수 없는 섬이라고 여기기 때문에 몸살도 나고 대상포진도 생기고 스트레스가 몸으로 오는 신체화 증상으로 앓아눕기도 하는 것입니다.

생각의 바람이 거세고 감정의 파도가 높아서 서로 연락선마저 오갈 수 없는 섬들이 될 때, 글자의 등대를 세워서 서로 오갈 수 있는 길을 만들어 줘야 합니다.

02
날기 위해서 뼛속까지 비워 내는 새

> "공휴일인데 뭘 해야 할지 모르겠네요.
> 쉬는 날에도 어찌 쉬는지 모르겠어요."

> "무거운 생각과 답답한 감정을 비우기 위해
> 구체적인 계획을 세우시면서
> 하루를 시작하면 좋습니다."

문득 올려다본 하늘엔 새 한 마리가 힘차게 날아갑니다. 부러운 시선을 빈 하늘에 던집니다. 날 수 있는 것이 부러운 게 아니라 날기 위해서 뼛속까지 비워 내는 새의 힘찬 날갯짓이 부럽습니다. 버리지 않고는 자유로워질 수 없다는 것을 알면서도 무거운 생각과 어두운 감정을 비우는 데 늘 인색한 것이 우리입니다. 많이 비울수록 높이 날 수 있고 멀리 걸어갈 수 있습니다.

특히 수동적인 활동보다 능동적인 활동을 하시면 좋겠습니다.

TV나 휴대 전화를 보는 것은 수동적인 활동입니다. 오히려 가슴이 닫히고 딱딱하게 굳어지고 맙니다. 반대로 독서는 능동적인 활동입니다. 글자를 읽으면서 이전에 버티고 서 있던 생각의 다리를 철거하고 새로운 다리를 건설하는 과정을 맛보게 되면 생각 근육이 발달하고 땀이 나면서 온몸의 온도도 상승하게 됩니다. 그러면서 응어리졌던 것들도 녹아서 쑥 빠져나가는 것을 느끼게 됩니다.

2021년 미국 펜실베이니아대학교 마리사 샤리프 교수(Marissa A Sharif)는 〈여유로운 시간이 적은 것도 문제지만, 너무 많아도 행복감이 떨어진다(Having too little or too much time is linked to lower subjective well-being)〉라는 논문을 『성격과 사회심리학회지(Journal of Personality and Social Psychology)』에 발표했습니다. 이 논문에서는 1992년에서 2008년까지 1만 3,600여 명의 참가자에게 자유 시간과 그에 따른 만족도를 조사했습니다.

설문 조사 결과, 하루에 자유 시간이 1시간 미만일 때는 삶의 만족도가 떨어지는 것으로 나타났고, 자유 시간 2시간부터는 행복감과 만족감이 급격하게 증가하는 것으로 드러났습니다. 하지만 이러한 자유 시간도 5시간 이상부터는 행복감이 감소하는 것으로 나타났습니다. 여기서 놀라운 점은 같은 5시간 이상의 자유 시간이 주어졌을 때, 독서와 운동 같은 생산적인 활동을 계획하는 참가자들은 만족감과 행복감이 높은 상태로 유지가 되었지만, 동영상 시청이나 휴대 전화나 게임 등 비생산적인 활동을 계획하는 참가자들은 만족감과 행복감이 급격하게 하락하는 것으로 밝혀졌습니다.

손에 잡힐 수 있는 하루의 계획을 세워서 실천하는 꾸준함이 중요합니다.

동네의 작은 강이나 천을 따라가면서 걷다가 잠시 서서 시선을 두면, 물은 서두르는 법 없이 느긋하게 흐른다는 것을 알 수 있습니다. 그렇게 천천히 흘러도 돌고 돌아 결국 시선의 끝자락까지 내려가는 것을 보게 됩니다. 그에 비하면 우리는 얼마나 조급증에 빠져 있는지, 그러면서도 하루의 끝자락에 마음도 생각도 이르지 못하는 경우가 많음을 알 수 있습니다. 여유 없이 달리는 재촉 때문이기도 하지만 목표 없는 자신의 방임 문제이기도 합니다.

읽지 않는 책장을 정리하기, 꾸준히 읽는 책과 가끔 읽는 책을 구별하기, 서점에 가서 내 마음에 시집 선물하기, 누군가를 용서할 수 있도록 미술관이나 공원 산책하기.
텅 빈 마음속을 스스로 열어서 맡기고 싶고, 채우고 싶고, 그리고 싶은 것의 리스트를 작성해 보시면 좋겠습니다.

03
나의 장점을 살펴보게 하는 작은 움직임

"자책하면 안 되지만 자꾸 남들보다 늦고 뒤처지고 그런 것 같아서 답답해요. 저 자신이 답답해요."

"이런 내 모습에 답답한 감정을 느끼는 이유는 자신을 스스로 용납하지 못하는 생각이 마음속 깊은 곳에 깔려 있어서 그렇습니다."

결함에 초점을 둔 관점은 내가 잘했던 것들도 다 무시해 버리게 만듭니다.

오랜 시간 마음에서 자라난 관점은 내가 하는 생각, 느끼는 감정, 행동에 깊은 영향을 미칩니다. 관점의 기준이 결함이라면, 타인이 나를 이상하게 생각하고 바라봤던 상황들만 선택적으로 받아들이게 합니다. 이러한 과정들은 쌓이고 쌓여서 관점 자체를 한없이 위축시킵니다. 나에게 일어날 수 있는 모든 미래를 무시하고 어두운 날만 바라보게 됩니다.

자신의 현 상태를 인정하는 것이 가장 중요합니다. 인정하고 받아들이는 것은 포기하는 것과 다른 것입니다. 과거에 자신이 살아왔던 날들로 형성된 관점, 그리고 그 관점의 영향을 면밀하게 살피고 이해할 수 있어야 나에 대한 새로운 통찰(insight)이 생겨납니다. 이런 통찰을 심리학에서는 '병식(insight)'이라고 합니다.

자신의 심리적인 문제를 식별할 수 있는 능력이 바로 병식입니다.

병식이 생겨야 안타까웠던 자신의 과거를 건강하게 애도할 수 있습니다. 건강한 애도를 통해 현재 뒤죽박죽 얽히고설킨 문제들의 뿌리를 정확히 발견해 나가는 과정을 밟아 나갈 수 있습니다. 과거에 묶여 있는 삶이

현재의 나 자신에게 도움이 되는지 분별하게 됩니다.

과거를 반복적으로 되새기고 후회하는 행동을 조금이라도 멈출 수 있다면, 현재의 모습을 인정하고 받아들이게 되면서 '현재와 지금(now and here)'에 기반을 둔 건강한 행동을 선택할 수 있게 됩니다.

내가 갖고 있지 않은 좋은 것을 가진 다른 사람을 보면 자연스럽게 부러움과 시기심이라는 감정이 생깁니다. 이런 감정이 생기고 생각을 하는 것만으로는 큰 해가 되지 않습니다. 이런 생각을 하는 자신을 질책하는 마음이 문제입니다. 남들과 자신을 비교하면서 자책하는 것은 악순환의 고리를 형성해서 빠져나오기 어려운 관점을 형성하게 됩니다.

내 감정과 생각, 그리고 이야기를 듣고 공감해 주기 위해서는 별것 아닌 것 같지만 작은 성취 하나에도 긍정적으로 반응하면서 만족감을 느끼는 시간을 가져야 합니다. 이불을 개는 것도, 하루 5분 산책하는 것도,

밥을 제시간에 먹는 것도 자신을 스스로 칭찬할 수 있는 일들입니다. 이러한 작은 일에 성취감과 만족감을 느껴야 뇌는 조금씩 회복하기 시작합니다.

낮아진 자존감을 가진 상태에서는 나의 모든 긍정적인 부분을 간과하고 작은 단점은 엄청나게 크게 보입니다. 심지어 장점조차 단점으로 보게 만드는 뇌가 형성됩니다. 의식적으로 장점을 찾아서 자주 메모하고 기록하면서 스스로에 관한 생각과 이미지를 달라지게 만드는 연습도 필요합니다.

04
차가운 바람에 잃어버린 온기를 찾아

> "가을 건너뛰고 겨울이 바로 온 것 같아서 서운하기까지 하네요. 책 읽을 계절을 잃어버린 듯해요."

> "세상 모든 건 마음 짓는 데로 향합니다."

여름과 겨울, 그들 사이를 가을이 지나갑니다. 그 길 한쪽을 점거한 채 농성 중이어서 마주치지 않을 수도 있습니다. 어느 땐 민망하고, 어느 땐 미안하고, 어느 땐 가슴이 아파서 지나치기도 합니다. 가슴에 무지근한 돌이 얹혀 있으면 이미 겨울입니다.

가만히 귀를 기울여 보면, 가을의 발소리와 겨울의 발소리가 교대 의식을 치르는 소리가 들릴 겁니다. 꽃이나 나무에만 그리 들리는 것인지는 몰라도 여러 번 확인한 것이니 틀림없는 사실입니다. 꽃샘바람이 무슨 권력처럼 가을꽃까지 못 피우게 하는 걸 보면, 마음 흔드는 세찬 고통과 아픔에도 꺼지지 않는 푸른 등불을 가슴에 켰던 글귀들이 생각나야 가을입니다.

지워지지 않는 글귀들로 정신에 풀이 돋듯 새로운 마음이 돋아나도록 손에 책을 들고 있으면 가을이 쉽게 떠나지 않습니다. 날씨가 따뜻해지면 꽃들은 알아서 활짝 필 것이지만, 마음의 꽃을 피우지 못하는 것은 가슴 저린 일이 아직 남아 있어서 그런 겁니다.

위태로운 걸음으로 가던 길을 계속 걸어가다 보면, 어둠 속으로 스며드는 우울의 뒷모습이 오랜 잔상으로 남게 됩니다. 그래서 미리미리 책으로 향해서 글자의 설레는 빛으로 자주자주 마음을 밝혀 줘야 합니다.

옛날에는 책방을 서림(書林)이라고 했습니다. 책을 뜻하는 '서'와 숲을 의미하는 '림'이 합쳐진 말입니다. 즉, 책의 숲이라는 뜻입니다. 책은 우리의 마음을 숲처럼 깊게 자라도록 도와주기 때문입니다.

절박한 소리는 잘 들리지 않기 마련입니다.

몸이 뒤집힌 풍뎅이가 일어나려고 안간힘을 쓰지만, 뜻대로 되지 않아 제자리를 뱅뱅 도는 것처럼 절망의 몸짓을 끊임없이 이어 가는 분들이 있습니다. 주변에서 바라보는 사람의 온몸에 괜스레 힘이 들어가기도 합니다. 누군가의 행복의 봉우리가 높을수록, 누군가는 불행의 골이 깊어지기도 합니다. 그늘마다 아프고 슬픈 사람이 곳곳에 숨어 있거든 책으로 글자로 작은 마음을 서로 나눌 수 있으면 참 좋겠습니다.

어느 순간 삶의 걸음이 멈췄다고 생각될 때, 책을 펼치고 글자 숲을 거닐고 또 거닐다 보면 이고 있는 것만으로도 위태로워 보이는, 몇 겹 쌓아 올린 답답한 마음들이 스르르 무너지고 머리가 가벼워지는 것을 느끼게 될 것입니다. 그저 글자가 따뜻한 눈길로 나를 바라봐 주는 것을 느끼기만 해도 삐뚤빼뚤한 감정이 직선과 곡선으로 자리를 찾아갑니다.

  차가운 날씨와는 상관없이 시선을 잡는 그 무엇이 바로 책이면 좋겠습니다.

05
말이 일몰이라면 글은 여명

> "저는 속마음을 이야기하는 게 어려워요."

> "말 그대로 속마음은 '속'에 있어서 '겉'으로 꺼내는 것이 원래 어렵습니다."

말보다 글이 쉬울 수 있습니다.

말이든 글이든 속마음을 드러내는 일은 나에 대한 측은지심을 갖는 것입니다. 측은지심은 남을 불쌍하게 여기는 타고난 착한 마음을 이르는 말이지만, 속마음을 드러내는 첫 단계는 나 자신을 향한 측은지심입니다. 그래야 내 속을 처음 자세히 들여다보면서 옳고 그름을 아는 마음이 형성됩니다.

심리학에는 '스키마(schema)'라는 말이 있습니다. 자기 자신과 남들, 또는 자신과 세상을 바라보는 관점이나 틀을 말합니다. 스키마를 살펴보면 남들과 얼굴을 보면서 속마음을 이야기하는 상황에서 입이 막히고 얼어붙는 듯한 느낌을 받는다는 것을 알게 됩니다.

용기 내서 속마음을 이야기했지만, 상대방에게 받아들여지기는커녕 오히려 상처만 되었던 경험이 있었다면, 말로 속마음을 표현하는 일은 입뿐만 아니라 온몸을 얼음처럼 굳어지게 만드는 일입니다. 나를 안 좋게 볼 것 같다는 자동적 사고를 지우는 연습을 해야 합니다. 그러기 위해서는 상대의 생각이 아니라 내 마음에 집중해야 합니다.

글로 속마음을 써 보면, 말로 나오지 않던 속마음도 어느 정도는 꺼낼 수 있게 됩니다. 말은 뱉고 나면 사라지지만, 글로 표현하고 나면 막연했던 어둠이 눈에 보이는 빛으로 밝아져서 그 존재를 확인하게 됩니다. 속마음을 글로 쓰면서 정리한 후에 천천히 읽어 보면서 소리로 변환하는 기회를 얻으면 됩니다.

이 과정을 통해서 글로 정리된 속마음을 말소리로 옮길 수 있는 지혜가 생기는 것입니다. 특히 내 주장을 어렵게 만드는 대상을 가상으로 설정해서 대화를 적어 보거나 무의식적으로 입이 닫히는 내용에 대해 구체적이고 섬세한 관찰을 통해 글로 적어 보면 전달하지 못했던 밑바닥의 감정까지 끌어올리는 힘이 세질 것입니다.

말이 일몰이라면 글은 여명입니다.

둘 다 빛과 어둠이 교차하는 현상이지만 그 느낌은 사뭇 다릅니다. 글자의 빛은 어둠에 묻혀 사라지는 것이 아니라, 어둠을 뚫고 피어나는 여명이 되어서 무엇인가 사무치는 느낌을 줍니다. 스스로 황무지를 찾아가서 용기와 열정, 도전과 각오를 가질 수 있습니다.

글로 속마음을 꾸준히 쓰는 일은 지독한 소외와 뼈 아픈 고독을 자청해야 하는 일입니다. 하지만 소외와 고독은 나를 강하고 순수하게 만들어서 대화에 의연함을 선물해 줄 것입니다. 1년이라는 기간이 짧지는 않지만 살아온 기간에 비하면 짧습니다. 딱 1년간 소외와 고독을 견뎌 낸다면, 그 시간이 나의 얼어붙은 입과 말을 정복해서 자연스럽게 언어의 심장을 움직일 것입니다.

말속에 진실이 깃들어야 합니다.

폐부에서 우러나와 마음에 사무치는 자신만의 목소리가 있어야 합니다. 그것을 가능하게 하는 힘이 결핍입니다. 무언가 결핍된 상태를 채우려는 욕구가 글을 쓰게 하는 것입니다. 늘 똑같은 짓을 하는 인간의 맹목적 습성을 공격하기 위해 그림을 그린다는 살바도르 달리처럼, 나만의 목소리를 내기 위해서 또 얼어붙은 입을 녹이기 위해서 감정 글쓰기를 시작해야 합니다.

자꾸 쓰다 보면 말과 언어에 무게가 실리고 상대방과는 상관없는 나 자신의 마음 상태에 섬세해집니다. 나의 마음 상태가 곧 언어의 상태라는 것을 깨닫게 됩니다.

06
지혜와 지구력은 형제

> "현실은 힘든데 좋은 생각만 하려다 보면 스트레스가 더 커지는 것 같아요."

> "그래도 반복해서 긍정적인 생각을 이어 가다 보면 변화가 찾아올 것입니다."

쉴 틈 없이 세상의 넓이를 재고 있는 우리는 스트레스가 넘치고 넘칩니다.

마음을 세상의 속도에 맞추다 보면, 스트레스를 낮출 지혜를 찾는 속도는 반만큼도 못 따라옵니다. 추적추적 내리는 스트레스는 잠깐 마음을 토닥이려는 시도조차 허락하지 않는 것을 법칙으로 삼고 있습니다.

조금 깊어진 우울과 스트레스를 가려 줄까 싶어서 책을 뒤지고 긍정적인 문구를 찾아 하루 내내 독서로 채워 봐도 기다리던 지혜가 끝내 다가오지 않을 때가 있습니다. 간절함으로 손가락의 촉각 세포를 무지막지하게 세워서 종이를 아무리 넘겨 봐도 무감각하고 메마른 나의 마음 상태만 확인할 뿐입니다. 지혜가 나에게 다가오지 않는 이유가 하나 있습니다.

바로 '서두르는' 마음입니다.

지혜와 지구력은 형제입니다. 지구력이란 일정한 작업을 장기간 계속할 수 있는 능력을 말합니다. 긍정적인 생각과 좋은 생각을 매일 꾸준히 하는 것만큼 중요한 것도 없습니다.

긍정적 생각이 습관이 되고, 저 밑바닥에 깔린 깊은 스트레스를 빗질하듯 쓸어 버리기 위해서는 오랜 시간

이어 가야 가능한 일입니다. 특히 반복적으로 자신에게 외치는 '자기 긍정 암시'는 어느 것보다도 중요합니다.

반복적인 언어의 힘은 결국 뇌와 뼛속에 새겨져서 나를 일으키는 힘이 됩니다. 슬그머니 내려놓는 일시적 타협은 잠깐의 위로는 될지언정 '불쑥'이라는 단어를 증명이라도 하듯 언제 어디서든 스트레스는 날 찾아오게 되어 있습니다.

심리학 용어 중에 '자기 암시(autosuggestion)'라는 말이 있습니다.

반복해서 자신에게 같은 생각을 되풀이하면서 암시를 주는 것을 말합니다. 스스로 꾹꾹 눌러 토닥거리는 긍정의 암시를 편지 쓰듯 매일 반복하다 보면 스트레스는 내 앞에서 무릎을 꿇게 되어 있습니다.

상처 없는 영혼이 어디 있고, 사연 없는 스트레스가 어디 있겠습니까. 세상의 모든 삶에는 가슴앓이의 근원이 존재합니다. 책을 읽어도 영화를 봐도 몸을 움직여 운동으로 혹사를 해 봐도 꿈쩍 않던 우울감이 밥 한 그릇 먹었다고 훨훨 날아가는 모습에 어이가 없을 때도 있습니다.

　가장 복잡한 존재인 것이 인간이지만, 알고 보면 '나 자신'은 가장 단순한 존재입니다. 깨달음은 멀리서 오는 게 아니라 내 안에 있습니다. 바로 '반복하는 나의 습관'에 있는 것입니다.

07
들켜 버린 고통은 회복의 발자국

> "독서가 마음을 치료할 수 있다는
> 말을 믿으셔야 합니다."

좋은 말과 노래도 한두 번이지 반복해서 들으면 물리기 마련입니다. 그러니 '독서하라'라는 말은 오죽할까요. 그런데도 구겨진 마음을 다림질하기 위해서 매일 독서를 해야 합니다. 마음에 생각나무를 심으면, 겨울에 얼었던 흙이 힘껏 봄을 밀어 올리듯 우울과 슬픔이 찾아와도 겨울에 재채기처럼 터져 나오는 깨달음이 빛보다 더 빛나서 나를 밝혀 줄 것입니다.

책이 큰 숨을 몰아쉬는 동안 회복이 가능해집니다.

글자는 아무리 고통 사이로 숨는다고 해도 어젯밤에 내가 슬퍼했던 일을 모르지 않습니다. 글자와 만나다 보면 어느새 다 들켜 버립니다. 종이 한 장 넘기면서 검게 그을린 아픔을 지워 내고 희열 한 모금 기쁨의 눈물 한 방울 건져 내는 것입니다. 글 속에서 뜬금없이 찾아오는 단어와 표현이 가슴에 환한 등불을 걸어 둡니다.

독서는 우울함이 익숙하던 나에게 시선을 낯선 곳에 두도록 도와줍니다. 그곳에서 공통으로 깨닫는 것이 있습니다. 바로 까닭 없이 세상에 도착하는 건 없다는 것과 나 자신이 소중하다는 사실입니다. 이런 삶의 기본을 걷다 보면 어둠 열고 걸어 나오는 희망을 손에 쥘 기회를 얻게 됩니다.

심리학에는 '내면화(internalization)'라는 용어가 있습니다.

내면화는 생각과 가치 그리고 행동을 수용해서 자신의 것으로 만드는 과정을 말합니다. '글자의 내면화'는 고통의 감정을 새기지 않고, 미움의 언어를 품지 않게 긍정적 방어기제를 온몸에 장착하는 과정입니다. 이 과정을 잘 밟아 나가다 보면 허물어진 가슴에 지혜나무 하나 심는 것처럼 글자 사이에 울음 묻어 두고 삶을 걸어가는 힘을 얻게 됩니다.

바위의 심장도 나뭇가지 위에 앉은 새소리에 쓸쓸함을 느끼고, 꽃이 필 때 봄을 느끼듯 글자를 품는 것은 그어지지 않는 하늘에 금을 긋는 것과 같습니다. 겸손한 날갯짓으로 하늘 반쪽을 빌릴 수도 있고 다른 반쪽에는 눈물을 묻고 내려올 수 있게도 합니다. 그것이 독서의 힘입니다.

글자가 몸 헐어 열어 준 지혜를 받아야 합니다.

새는 꽃을 따려는 게 아니라 꽃의 마음을 열고 싶어 하는 것처럼, 독서하는 자는 책을 많이 읽는 것이 목표가 아닙니다. 강물처럼 흐르는 슬픔을 끊어 내고, 극도로 지쳐 있는 심신을 녹이는 것입니다. 글자가 마음 위에 남긴 발자국마다 '회복'이라는 글자가 새겨집니다. 그 발자국을 따라가다 보면, 신기하게도 감정 따라 움직이는 게 아니라 가슴에 따라 사는 나 자신을 발견하게 됩니다.

 나 이외에 누군가 때문에 슬픔의 주변을 기웃거리지 않기 위해서는 매일 밥 먹듯 책을 읽고 또 읽어야 합니다. 언제든 생각과 마음이 피곤하면, 글자가 나 자신보다 더 빠르게 눈치를 채서 토닥여 주기 때문입니다.

08
내 마음에 피는 꽃

> "이제는 웃고 싶어요."

늦은 밤, 슬픔에 취한 목소리로 전화를 하는 분이 계셨습니다. 평소에는 그럴 용기가 없어서 술의 힘을 빌려 버튼을 눌렀다고 합니다. 전화기 너머 목소리에는 슬픔과 고통이 강물처럼 흐릅니다. 몇 마디 듣지도 않았는데 제 가슴에도 짙은 안개가 아우성치며 몰려다닙니다.

한마디도 하지 않고 그저 듣기만 했습니다. 구체적인 절망의 쓰레기 더미에 파묻혀 같이 울었습니다. 그러다 자신을 방어하기 위해 키웠던 침묵과 주저함이 부메랑이 되어 목을 치는 느낌이라는 말에 물푸레 잎이 마르듯 순간 눈물이 말라 버렸습니다. 눈물로 공감할 때가 아니라 슬픔 속으로 뻗어 가는 마음의 뿌리를 거두기 위해 그녀에게 단호한 이야기를 하나 던집니다.

"어머님, 자녀가 나중에 커서 같은 상황이라면 뭐라고 이야기하시겠어요?"

상담학에서는 이런 질문을 '직면(confrontation)'이라고 말합니다. 내담자의 행동, 사고, 감정에 있는 모순을 깨닫도록 하는 질문입니다. 직면은 설명하는 것이 아니라 실감이 나도록 만드는 일입니다.

감정은 서랍에 넣어 두고 몇 달에 한 번씩 꺼내서 보는 것이 아니라 매일 꺼내서 확인하고 샤워하듯 씻어 내고, 빨래하듯 빨아야 하는 '나 자신'입니다.

감정에 대한 처방전도 스스로 써야 합니다. 책을 읽거나 스스로 직면시키면서 자신을 진단하는 것으로부터 회복은 시작됩니다. '진짜의 나'를 관찰하는 것만으로도 이미 반은 성공한 셈입니다. 감정 치유는 메스나 약이 필요한 신체적 치료와 달리 무거워진 생각을 내려놓고 상처를 입은 마음자리에 고요와 평온이 고이도록 기다리기만 해도 새살이 돋기 시작합니다. 그곳에 꽃을 피우기 위해서는 '스스로 칭찬하는 일'을 해야 합니다.

2010년 영국 스태포드셔대학교 연구팀은 〈험담도 좋지만, 칭찬이 최고입니다(It's good to gossip-but be nice!)〉라는 논문을 『영국심리학회』에 발표했습니다. 이 논문에서는 160명을 대상으로 얼마나 자주 부정적인 이야기를 하는지 설문 조사를 실시했습니다. 조사할 때, 부정적인 남 이야기를 많이 할수록 참가자들의 사회적 유대감이 자신의 자존감 또는 삶의 만족도에 영향을 미치는지도 조사했습니다. 설문 조사 결과, 부정적인 이야기를 나누기보다 칭찬과 긍정적인 부분을 나누는 것이 자기 자신의 자존감을 높이는 방법인 것으로 나타났습니다.

1kg의 꿀을 얻기 위해 560만 송이 꽃을 찾아가는

벌처럼 반복해서 스스로 칭찬해야 합니다. 언제라도 메고 나설 수 있도록 잘 꾸려진 배낭처럼 긍정의 목소리를 꾸려야 합니다. 맑은 웃음이 구슬처럼 굴러떨어져야 합니다. 행복해서 울었으면 좋겠습니다. 나와 또 다른 나의 싸움에서 결국은 입장을 포기하는 쪽이 이깁니다. 긍정의 입장을 절대로 포기하면 안 됩니다.

나 자신과 소통할 때 가장 덜 외롭게 됩니다. 하루에 수십 번 감정이 말을 걸어오면, 외면하지 말고 노트북이든 스마트폰이든 적어 두고 기록해야 합니다. 감정이 전하는 말을 기록하는 것만으로도 나 자신과 소통하는 것입니다. 짝사랑하는 이에게는 사랑하는 이가 편지를 받아 주는 것만으로도 하늘의 구름이 되는 것과 같습니다. 하루가 끝날 때까지 삶 속 구석구석에서 잠깐 나오더라도, 눈과 마음은 순식간에 슬픔과 우울을 잘도 찾아내서 멈춥니다. 슬픔의 안개가 마음의 거리를 배회하지 않도록 긍정의 말을 반복해야 합니다. 심장의 울림이 요동쳐서 온종일 머릿속을 맴돌게 만들면 좋겠습니다.

09
썩은 과일 같은 잘못된 버릇

> "주말에 너무 몰아서 자고, 늘어지는 게 문제인 것 같은데요. 어떤 방법이 있을까요."

잘못된 버릇은 과일 썩어 가듯 나의 몸과 마음의 모든 것을 헐어서 문드러지게 만듭니다. 주말에도 침대나 소파 위에서 시간의 딱지를 뜯다 보면 온종일 문밖을 나서지 못하고, 빛은 희박해져서 자리의 그늘만큼 눈 밑의 늙음도 짙어집니다. 나이와 상관없이 정신적 결핍의 개수만큼 생각은 노화되어 갑니다.

2021년 2월 미국 미시간대학교 학술의료센터(Michigan Medicine)는 〈주중에 몰아서 자는 습관은 우울감을 더 키울 수 있다〉라는 논문을 발표했습니다. 이 논문에서는 인턴 의사 2,100명을 대상으로 주말에 몰아서 잠을 자는 불규칙한 수면 패턴이 정신 건강에 미치는 영향을 조사했습니다.

연구 결과, 주말에 늦잠을 자고 한꺼번에 잠을 몰아서 자는 등의 불규칙한 수면 패턴은 표준화된 우울증 증상에서 높은 점수를 나타냈습니다. 규칙적인 수면 상태와 각성 상태의 균형을 가장 좋아하는 뇌(brain)의 입장에서는 주말에 몰아서 잠을 자는 것은 최악의 상황을 맞이하게 하는 것과 같습니다.

2016년도 3월 미국 컬럼비아 사우스캐롤라이나대학교 운동과학 드렌왓츠 교수의 논문에 따르면, 성인 332명의 참가자를 1년 이상 연구한 결과 주말에 주로 앉아서 생활하는 비활동적 시간을 보내면 보낼수록 심장 질환의 위험성이 높아지고, 체중 증가의 문제가 발생하는 것으로 나타났습니다.

정신 운동과 신체 운동의 균형은 무엇보다도 중요합니다.

딱히 힘든 일이 없어도 회복 탄력성을 위해 책을 읽어야 하는 것처럼, 딱히 갈 곳이 없어도 일어나 밖에 나가 발걸음을 옮겨서 뛰거나 걷거나 공기와 땅을 밟으며 공원과 길 위를 기웃거려야 철 지난 우울과 게으름의 기침이 발작처럼 터지지 않게 됩니다.

게으름은 액체 같아서 점점 말라 가면서 갈라져서 자신의 몸 안에 있는 우울을 꺼내 보이게 됩니다. 몸은 고단해도 어림조차 못 했던 반가운 몸짓이 나를 반기고, 엉덩이를 바닥에서 떼지 못하고 주저앉았던 모습을 바꾼 뒤로는 생기가 온몸에 돌 것입니다. 며칠씩 굶은 상태에서는 밥 한 끼의 소중함을 배우듯, 몸이 아파야 운동의 소중함을 깨닫게 됩니다. 주말에는 가 보지 못한 곳과 읽어 보지 못한 책을 마음껏 즐기는 날이라는 것을 잊어서는 안 됩니다.

2장

당신의 마음과
함께하고 싶어요

느리지만 어느 순간 더욱 반짝반짝 빛나는 별
마음에 전해지는 따뜻한 온도
기억과 감정을 살리는 긍정적인 생각
마음의 점검
가장 좋은 생각과의 동행
시간의 조각을 품은 마음의 외침
눈을 통한 마음 읽기
용서라는 단어 뒤에 숨은 아픔
세상의 모든 웃음의 시작
여유로움을 선사해 주는 움직임

01
느리지만 어느 순간 더욱 반짝반짝 빛나는 별

> "진짜 좋아질까요?"

우울이 물어다 놓은 아픔은 참으로 잔인합니다. 슬픔이 낸 길을 따라 오랫동안 걷다 보니 모든 것에 신뢰를 잃어버린 한 어머님의 질문입니다. 척박한 땅에서도 장미꽃은 피어오른다는 것을 말하고 싶었습니다.

"저를 의심해도 좋지만, 독서 치료에 대한 효과는 의심하지 않았으면 좋겠습니다. 세상의 모든 것들은 오래되면 금이 가게 되고, 조금씩 틈이 생깁니다. 분명 철옹성 같아 보이는 불안과 우울도 힘없이 갈라지는 계란처럼 갈라질 겁니다."

모든 것이 기울어지고 휘청거리고 흔들리지만 회복하겠다는 중심만 절대로 흔들리지 않는다면 퇴화하여 보이는 날개도 날갯짓하기 시작할 것입니다. 매일매일 회복의 메시지에 댓글로 화답하며 점찍다 보면, 점들이 선이 되고 선들이 모여 글자가 됩니다. 그 글자가 뺨에도 새겨지고 머리에도 새겨지고, 또 그렇게 심장 한가운데 아름다운 희망의 무지개 집을 짓게 되는 것입니다.

 '잘했어, 수고했어, 괜찮아, 힘내, 사랑해, 멋져!'라는 말을 끊임없이 남기다 보면, 결국 그 말들은 마법의 언어가 되어 자신을 향해 되돌아가고, 나 자신을 지켜 주는 언어가 됩니다. 인생이라는 텍스트를 정확히 이해하는 데는 시간의 세례가 필요합니다. 짧은 만큼, 긴 만큼, 딱 그만큼. 그런데 독서가 건네는 지혜의 시간이 어느 순간 눈물처럼, 또 감동처럼 그렇게 다가와 마음 깊숙한 곳에 앉아 버릴 겁니다.

척박한 땅에서 피어나는 장미의 향기가 짙고 오래가듯, 힘들게 내 안에 핀 회복의 꽃향기도 그럴 겁니다. 이제는 울지 말고 초조해하지 말고 한 걸음씩 나아갈 수 있도록 웃음이 곁을 지키면 좋겠습니다.

미국 조지아주립대학교 마이클 오웬 교수팀은 〈입을 벌리고 크게 웃으면 더 강렬하게 전염된다〉라는 연구 결과를 발표했습니다. 이 연구에서는 28명의 참가자에게 다양한 웃음소리를 들려주고 긍정적인 느낌 정도에 대해 점수를 매기도록 했습니다. 실험 참가자들에게 들려준 48가지 다양한 웃음소리 중에 절반은 성대가 떨릴 정도의 소리를 들려주었고, 나머지 절반 24가지는 입까지 벌리고 크게 웃는 소리를 들려주었습니다.

이 실험 결과, 참가자들은 모든 웃음소리가 좋지만, 입을 벌리고 크게 웃는 소리에 더 많은 점수를 매겼습니다. 입을 다물고 짤막하게 웃는 소리보다 입을 크게 벌리고 '하하하' 박장대소하며 웃는 소리에 더 긍정적인 반응을 보였습니다. 음성학적으로는 입을 크게 벌리고 웃으면 웃음소리도 같이 커지기 때문에 이 웃음소리를 듣는 사람들은 무의식적으로 같이 반응하게 되는 것입니다.

입을 벌리고 크게 웃는 소리를 들으며 같이 웃게 되면, 신체와 정신적인 치료 효과도 있습니다. 2014년에 미국 로마린다대학교 연구팀은 〈노년기 성인들에게 단기간 기억의 유머 효과(The effect of humor on short-term memory in older adults: a new component for whole-person wellness)〉라는 논문을 『신체정신의학회지』에 발표했습니다.

이 논문은 60대~70대 40명을 대상으로 기억력 검사를 시행했습니다. 실험 참가자들을 두 그룹으로 나눴습니다. 한 그룹은 검사 전에 코미디 프로그램을 20분 시청하게 했습니다. 다른 그룹은 그냥 검사를 바로 진행했습니다.

실험 결과, 코미디 프로그램을 본 그룹의 참가자들은 기억력 검사에서 높은 결과를 가졌습니다. 이들의 타액을 채취해서 호르몬 수치를 측정해 봤습니다. 코미디 프로그램을 본 참가자들에게는 스트레스 호르몬인 코르티솔 수치가 낮게 나타났습니다. 반대로 체내에 엔도르핀이 나오고 도파민을 두뇌에 공급하게 되어서 신체 전반적으로 활동성과 기능이 향상하게 된 것입니다.

삶이라는 긴 시간을 웃음으로 보내느냐 아니면 울음으로 보내느냐는 그 사람의 신체적인 주름과 정신적인 주름의 양과 깊이까지 결정하게 됩니다. 특히 가족은 서로의 얼굴을 보면서 같은 감정을 공유하기 때문에 얼굴의 주름이 생기는 위치까지 같게 됩니다. 그래서 나이가 들면 비슷한 얼굴로 닮아 가게 되는 것입니다.

독서 치료가 선물하는 회복은 약물보다 늦게 도착합니다. 하지만 느리지만 절대로 뒤로 걷지는 않습니다. 느리게 꾸준히 발걸음을 뚜벅뚜벅 앞으로만 걸어가다 보면, 회복의 점들이 뿌려질 것이고, 의미 없어 보이던

그 점들이 반짝거리는 별이 될 것입니다. 반짝반짝 빛이 나는 별들이 삶에 지치고 마음 힘든 순간에 나를 일으키는 손길이 되어 줄 것입니다.

02
마음에 전해지는 따뜻한 온도

> "남들처럼 거절할 것은 거절하고,
> 너 자신의 이익을 좀 챙겨!"

마치 얼굴에 짙은 메이크업을 하듯, 가면을 쓰듯, 마음을 가리면 가릴수록, 덮으면 덮을수록 정체성을 잃어 가는 것을 깨닫습니다. 마음이 가는 곳에 몸이 따라가고, 몸과 마음이 하나가 되어 움직인다면, 척박한 마음 땅에도 장미를 피워 내고 짙은 향기를 오래 맡을 수 있습니다. 내 안에서 나는 장미 향기를 맡기 위해서라도 적당한 경계에서 적당한 몸짓으로 적당한 셈을 하며 살고 싶지 않습니다.

2013년도 미국 뉴욕 로체스터대학교 심리학과 리처

드 라이언 교수의 연구팀은 〈타인에게 차가운 사람은 자신도 상처를 받는다〉라는 논문을 『심리과학회지』에 발표했었습니다. 이 논문에서는 실험 참가자들에게 타인을 배제하도록 하는 지침을 따르게 했습니다. 이 실험 결과 다른 사람들로부터 배제된 참가자들은 내면적으로 분노를 느꼈습니다. 하지만 배제하는 행동을 한 일종의 가해자들도 수치심과 죄책감을 느껴서 정신적 상처를 받은 것으로 나타났습니다.

혹시 물리적인 온도가 심리적인 마음에도 영향을 미칠까요?

2008년도에는 콜로라도대학교 심리학과 로렌스 윌리엄스(Lawrence Williams) 교수는 〈신체적인 따뜻함을 경험하는 것은 대인관계에서 따뜻함을 촉진시킨다(Experiencing physical warmth promotes interpersonal warmth)〉라는 논문을 『과학회지』에 발표했습니다.

이 논문에서 윌리엄스 교수는 커피 한 잔과 메모장,

그리고 책 두 권을 들고 건물 1층에서 참가자들을 만납니다. 그리고 4층 실험실로 올라가는 엘리베이터 안에서 잠시 커피를 들고 있어 달라고 부탁을 합니다. 이때 참가자 절반은 '차가운' 아이스아메리카노를 들고 있어 달라 부탁했고, 나머지 절반은 '따뜻한' 아메리카노를 들고 있어 달라 부탁했습니다.

이후 실험실로 돌아와서 질문을 했습니다. 참가자들에게 가상의 인물 A에 관해 설명하고 어떤 사람 같냐 물었을 때, 따뜻한 아메리카노를 들었던 참가자가 차가운 아이스아메리카노를 들었던 참가자들보다 가상의 인물 A에 대해서 더 긍정적인 사람이라고 대답한 비율이 15%나 높았습니다. 물리적으로 따뜻하다는 것은 타인에 대한 나의 인식도도 따뜻해진다는 것을 증명한 논문입니다.

차가운 마음을 품은 내담자들의 시선은 닿는 곳마다 모두 숱한 전쟁이고 폭력이었을 것입니다. 하지만 상담을 받고 고요와 평화가 깔린 모습에 가벼워진 제 마음속으로 따뜻한 기운이 스며드는 것을 느낍니다. 그러고 보면 내담자들과 나누는 감정이 기쁨보다는 아픔이 더 많은 길이었습니다. 감정이 느리니 시간 역시 느리게 흐릅니다.

따뜻한 난로 같은 마음 주변에는 앉아 있다만 가도 마음의 상처가 치료됩니다. 저절로 두 손 모아 차가워진 손도 얼음 같은 마음도 녹입니다.

03
기억과 감정을 살리는 긍정적인 생각

"기억에 대한 강의를 들으면서 충격받았어요. 저는 요즘 기억력이 너무 떨어지는데요. 어쩌지요?"

"모든 기억은 감정들의 임시 거처입니다. 삶의 시간이 흐르면서 기억력이 흐려지는 것은 자연스러운 과정이지만 흐려진 기억력을 살리는 방법을 아는 것도 중요합니다."

기억이 사라지는 것은 감정도 잃어버리는 것입니다. 기억과 생각 그리고 감정을 잃지 않아야 삶의 조각들이 날카롭게 빛날 수 있습니다.

무엇이든 될 수 있고, 어디든 있을 수 있습니다. 되

고 싶은 건 되어 볼 수 있습니다. 아침에는 살랑거리는 나비, 낮에는 팔랑거리는 새, 저녁에는 고요한 나무, 밤에는 누워서 쉬는 달이 될 수도 있는 것입니다. 생각에서라도 무엇이든 되고 어디에든 존재해야 합니다. 기억할 수 없으면 생각과 상상도 메말라 갑니다. 기억력을 잃지 않기 위해 여러 방법을 동원하셔야 합니다.

2022년 미국 피츠버그대학교 심리학과 사라 아프자얀(Sarah Aghijayan) 교수팀은 〈유산소 운동은 후기 성인기의 일화 기억을 향상시킵니다: 체계적인 검토 및 메타 분석(Aerobic exercise improves episodic memory in late adulthood: a systematic review and meta-analysis)〉이라는 논문을 『소통의학회지』에 발표했습니다.

이 논문에서는 성인 3,000명의 참가자에 대한 36개의 운동과 기억력 사이의 연관성에 대한 논문을 메타 분석 했습니다.

연구 결과, 일주일에 걷고, 조깅하고, 자전거 타기와 같은 유산소 운동을 세 번 이상 꾸준히 하는 사람은 기억력 개선에 도움이 되는 것으로 나타났습니다. 유산소 운동은 뇌로 올라가는 혈류량을 증가시켜서 신경 세포가 노화되지 않도록 예방하기 때문입니다.

 이렇게 운동하는 것 외에도 다양한 방법으로 기억력을 유지하거나 높이는 방법들이 많이 있습니다. 80세가 되어도 활기차고 기억력이 또렷한 사람과 이제 40세인데도 초췌하고 기억력이 흐려진 사람의 차이는 삶의 태도에 명확하게 존재합니다. 크게 4가지로 나눌 수 있습니다. 음식, 운동, 수면 그리고 긍정적 생각입니다.

 무엇을 먹느냐에 따라 감정도 영향을 받지만, 기억에도 큰 상처를 줄 수 있고 활성화도 시킬 수 있습니다.

 불을 꺼도 뇌는 꺼지지 않습니다. 오직 잠을 자야 뇌는 정리를 하면서 휴식을 취할 수 있습니다. 쥐 실험에서 보면, 잠을 잘 때만 기억을 담당하는 해마와 기억을 재생하는 영역인 전전두엽이 기억도 정리하고 회복하는 리듬을 반복하게 됩니다.

특히, 부정적인 생각은 기억력 저하에 최악입니다. 예를 들면, 막장 드라마를 즐기는 사람일수록 치매에 걸릴 가능성이 커진다는 논문은 흔할 정도로 많습니다. TV를 보더라도 즐겁고 긍정적인 내용을 봐야 합니다. 추천해 드리는 것은 TV보다 독서 시간을 늘리는 것입니다. 기억의 뿌리를 튼튼하게 내려 주고, 안과 밖을 나누던 감정의 금도 지워지고, 너무 많이 쏟아 버린 감정을 일일이 다시 주워 담을 수 있는 생각하는 힘을 가지기 때문입니다.

04
마음의 점검

> "종일 상담하면 힘들지 않으세요?"

내담자의 힘든 이야기를 들으면, 상담사도 마음이 힘들 거라는 생각이 가장 큰 오해입니다.

심리학에는 '귀여운 공격성(cute aggression)'이라는 말이 있습니다. 우리 뇌는 감정이 한쪽으로 치우치지 않고 일정하게 유지하려는 본능을 가지고 있습니다. 이러한 현상을 '항상성(homeostasis)'이라고 합니다.

내담자가 꺼내는 마음의 상처를 보면서 상담사는 희망과 회복이라는 방패로 더 단단한 마음을 가지게 됩니다. 그래서 내담자의 가슴 아픈 상처를 들으면서 공감은 하지만 동감은 하지 않습니다.

공감은 객관적이고, 동감은 주관적입니다. 공감은 나의 감정을 지키면서 타인의 감정을 읽어 주는 것이지만, 동감은 나의 감정을 버리고 타인의 감정을 내 안으로 가지고 오는 것입니다. 그렇기에 동감은 나를 잃어버리게 만들 수 있기에 상담사들은 조심합니다. 내담자에게 동감하지 않고 공감하도록 훈련받습니다.

많은 경우, 주 양육자인 엄마들은 자녀들의 상황에 너무 몰입하는 나머지 공감하는 것이 아니라 동감하면서 지쳐 버리게 됩니다. 동감의 결과는 '빈 둥지 증후군'이라 불리는 공허감입니다. 의욕 없이 나뭇가지 끝자락만 붙들고 있는 마지막 잎처럼 쓸쓸해지는 것입니다.

나를 잃어버리고 아이들의 삶에만 집중해서 자신의 인생을 상실하면, 텅 빈 마음은 이미 겨울입니다. 마음이 겨울이면 웃음의 그림자조차 구경하기 어려워집니다. 그래서 상담사들도 그럴 거라 오해하는 것입니다.

　상담사로서 내담자와 가장 많은 갈등을 빚는 부분은 바로 내담자들이 자신의 문제를 인정하지 않는 경우입니다. 이런 상황을 '병식의 부재'라고 합니다. 병식은 내담자가 자신의 심리 문제를 인지하는 것인데, 대부분 본인의 문제를 바라보지 못하면서 돌덩이처럼 무겁게 쌓이게 되는 것입니다.

　잘못을 저질렀을 때, 스스로가 느껴야 할 미안함과 죄책감에 대해서 강압을 하는 것도 옳지 않지만, 괜찮다며 아무렇지도 않은 일로 넘겨 버리는 것은 내가 나의 감정을 읽지 못하는 사람으로 만들게 되는 지름길이 되는 것입니다.

　건강하게 분출되지 못한 억눌린 감정들은 언제 터질지 모르는 지뢰처럼 마음 곳곳에 도사리게 됩니다.

　아무리 상담사라도 억눌린 우울과 슬픔이 곳곳에 똬리를 틀고 있는 마음은 열 배는 위험합니다. 그래서 늘 마음 점검을 철저하게 하려고 책을 손에 쥐고 삽니다.

05
가장 좋은 생각과의 동행

> "저는 저녁에 잠이 안 와서 낮잠을 많이 자는데요. 강의 듣다가 낮잠이 위험하다는 말에 궁금해서 연락드립니다."

> "네, 짧은 낮잠은 괜찮지만 긴 낮잠은 독입니다!"

수면만 많이 취하면 아무 문제가 없을 거라고 철석같이 믿으면 안 됩니다.

글자 지우개 하나 빌려서 피곤을 쓱쓱 말끔히 지워드리고 싶지만, 오직 '수면'만이 가능합니다. 하지만 낮잠을 자는 것은 저녁잠에 온전히 분비해야 할 수면 호르몬인 '멜라토닌'이 다 분비되지 못하게 만드는 문제를 유발합니다. 아무리 낮에 졸리더라도 낮잠이 길어지면 길어질수록 신체적, 정신적 회복을 담보하지 못한다는 사실을 알아 두어야 합니다.

'저는 낮잠으로 보충을 하므로 저녁에 일해도 괜찮습니다.'

3교대 혹은 2교대 근무를 하시는 분들이 합리화하기 위해 흔히 하는 말입니다. 낮잠이 저녁 수면을 보충해 준다는 근거 없는 큰소리에 속으시면 안 됩니다. 뇌는 우리를 속이는 데 고수입니다. 심리적 수면 보충이 바로 '낮잠(nap)'입니다.

2022년 하버드의과대학교 수면 의학과 팽 리(Peng Li) 교수팀은 〈낮잠과 알츠하이머 치매: 잠재적인 양방향 관계(Daytime napping and Alzheimer's dementia: A potential bidirectional relationship)〉라는 논문을 『알츠하이머와 치매 학회지』에 발표했습니다.

이 논문에서는 성직자 1,400명을 대상으로 14년 동안 오전 9시부터 오후 7시까지 지속적으로 활동을 기록하는 손목 착용 센서를 착용하게 했습니다.

연구 결과, 하루에 한 시간 이상씩 낮잠을 잔 참여자는 알츠하이머 치매에 걸릴 위험이 낮잠을 자지 않는 참여자들보다 40% 더 높은 것으로 나타났습니다. 낮잠을 1시간 이상 자주 잘수록 치매 단백질 물질인 아밀로이드와 타우가 뇌에 쌓일 가능성이 커지는 것으로 나타났습니다.

낮잠을 많이 잔다는 것은 저녁에 잠을 못 이룬다는 방증이기도 합니다.

낮잠이라는 엉뚱한 노력으로 불면증을 더 악화시키면 안 될 일입니다. 너무 힘든 경우에는 낮잠을 20분 이내로 당기면 큰 문제는 없습니다. 하지만 반복적으로 1시간 이상 낮잠을 자게 되면 올바른 저녁 수면 패턴이 망가지게 됩니다.

낮잠이 아니라 가장 좋은 저녁 수면을 하려고 노력하셔야 합니다. 아침에 일어나 햇빛을 봐야 14시간 후에 수면 호르몬이 나오는 '송과체(pineal body)'에서 멜라토닌이 나옵니다. 그러니 아침에 정기적으로 일찍 일어나는 것이 가장 중요한 습관입니다. 또 몸에 있는 모든 근육이 이완(muscle relaxation)되어야 잠에 빠질 수 있습니다. 그러니 잠들기 전에 격렬한 운동을 하시면 안 됩니다. 또 머리 신경도 이완되어야 수면 호르몬이 잘 나옵니다. 그러기 위해서는 복잡한 생각을 멈추고, 가장 기분 좋은 생각들로 머릿속을 채워야 합니다. 그러기 위해서라도 낮에 책을 읽고 행복을 미리 차곡차곡 채워야 합니다.

06
시간의 조각을 품은 마음의 외침

> "마음 아팠던 과거를 이겨 내려면
> 어찌해야 하나요?"

오랫동안 뒤척이다가 깜박 잠든 것 같은데 얼굴보다 마음이 부었다고 느낄 때가 있습니다. 마음은 늘 행복 시차에 적응하지 못한 채 본능적으로 상처를 새기던 과거의 시간으로 회귀합니다. 행복 시간에 시차 적응을 하지 못해서 온몸에 피로감이 덕지덕지 붙어 있습니다. 슬픔의 물기를 잔뜩 머금은 마음은 축축합니다. 당연히 몸은 무거울 수밖에 없습니다. 그래서 일 년 내내 마음과 몸은 비가 내리는 우기입니다.

이상하게도 아니, 야속하게도 기억이라는 것은 행복

했던 기억보다 힘들었던 기억을 움켜쥐고 있어서 자주 꺼내서 확인하는 습성이 있습니다. 우리 뇌는 위험한 경험은 차곡차곡 쌓아 두었다가 다음에 비슷한 상황에 잘 대처하려는 전력을 가지고 있습니다. 그렇기에 반복해서 쌓이기 전에 해소할 수 있는 방법을 찾아야 합니다.

'심리적 균형'이 중요합니다.

부정적인 생각이 떠올랐을 때, 극단적인 긍정적 생각으로 지우려 시도하는 경우가 있습니다. 이런 생각은 그다지 효과가 없다는 것을 알게 됩니다. 한쪽으로 기울어지는 상황을 또다시 반대 방향으로 기울어지게 만드는 것과 다를 게 없습니다. 심리적으로 균형을 맞추기 위해서는 부정적인 생각이 올라올 때 그 상황을 두 가지로 나누는 것입니다. 바로 생각과 감정입니다. 그런 후에 언어로 풀어 내는 것입니다.

2012년 미국 펜실베이니아주립대학교 파멜라 콜 교

수는 〈언어 능력이 감정 조절에 미치는 영향〉에 대해서 『아동발달학회(Child Development)』에 발표했습니다. 이 논문에서는 생후 18개월 때부터 4세가 될 때까지 참가 아동을 정기적으로 관찰하면서 언어 능력을 측정했습니다. 실험 참가 아동들에게 선물을 주면서 기다리는 시간에 잘 참는지 아니면 화를 내는지를 살펴보았습니다. 그 결과 감정을 언어로 표현하고 설명할 수 있는 아동은 자신을 더 잘 통제할 수 있고, 실망스러운 상황에서도 좌절하거나 화를 덜 내는 것으로 나타났습니다.

자신이 어떤 상황에서 화가 나고 감정을 통제하지 못하는지 말로 표현하거나, 또는 글로 쓰면서 확인하는 것은 감정이 쌓이지 않도록 막아 주는 건강한 방어입니다. 이렇게 패턴을 찾아서 언어화하지 않으면, 그 상황을 외면하면서 감정을 그대로 투사하거나, 아니면 엉뚱한 사람에게 화를 돌려 버리는 문제를 만들게 됩니다.

특별히 마음 문단속을 해야 합니다. 그래야 부정적인 감정이 마음만 먹으면 언제든 들어와서 온 집 안을 헤집고 다니지 않게 만들 수 있습니다. 당혹스러울 정도로 힘들었던 과거가 불쑥 노크를 해 와도 호들갑을 떨지 않는 태도는 평상시에 얼마나 단단하게 언어로 말해 보고 글로 감정을 분석했느냐에 따라 내공을 달리합니다. 말로 해 보고 글로 써 보는 습관이 밴 나 자신은 어느 사람보다 내공이 높아집니다.

의식적이고 섬세하게 분석한 시간의 조각을 품은 마음은 질투 날 정도로 단단해집니다.

07
눈을 통한 마음 읽기

"심리학을 배우면 아이들 마음을 다 읽을 수 있을까요?"

"마법과 같은 기대는 하지 않으셔야 합니다. 어느 정도 상대방의 눈치를 챌 수 있는 정도보다는 객관적으로 판단하는 힘이 심리학의 힘입니다."

가장 잘못된 오해가 있습니다.

심리학자나 정신과 의사는 사람들 앞에만 서면, 그 사람들의 마음을 투시하듯 읽어 낼 수 있다고 착각합니다. 고속 도로를 달리는 차의 속도를 측정하는 속도 측정기를 믿을 수 있나요? 대부분 운전자는 압니다.

속도 측정기의 제한 속도에만 맞춰서 속도를 줄이고, 도로 대부분에서는 마음껏 속도를 내기도 하고, 휴게소가 나오면 쉬었다 가기도 합니다. 이렇게 차의 속도와 상태를 읽기 위해서는 정해진 곳에서 한 번 사진을 찍는다고 그 차의 속도와 상태를 절대로 알 수 없습니다.

오히려 차의 속도를 평균을 내서 기록되는 프로그램과 차의 내부에 문제점을 알아차리는 센서를 신뢰하게 됩니다. 이러한 기록들은 마치 나의 감정과 건강 상태를 매일 기록한 기록지가 더 정확한 것과 마찬가지입니다. 사실 차는 기계이다 보니, 변수가 거의 없습니다. 하지만 사람의 마음은 방향과 속도 그리고 느낌까지 셀 수 없이 많은 변수에 따라 변화하고 달라집니다.

이렇게 다양하게 달라질 수 있는 마음의 변수에 대해 기준을 가지고 분석할 수 있는 이론을 배우는 것이 바로 '심리학'입니다. 절대로 독심술이 아니라 과학에 기반을 둔 학문입니다. 예를 들면, 비대면으로는 상담을 잘 하지 않습니다. 눈을 보면서 상담하는 이유는 눈을 통해 자신의 마음 상태를 어느 정도 드러내기 때문입니다.

동물과 사람의 가장 큰 차이점 중 하나가 바로 눈에 있는 흰자의 색깔과 넓이입니다. 흰자는 '공막'이라고 부릅니다. 정면에서 보면 이 공막(흰자)과 전체적인 눈의 방향에 따라 그 순간적인 감정을 파악할 수 있습니다. 독일 막스플랑크대학교 인류학 연구소의 실험을 통해 '눈 맞춤에 대한 중요성'이 증명되었습니다.

1세 아이들과 동물을 대상으로 진행된 이 실험에서는 실험 대상들과 연구자들이 눈을 마주치고 다양한 방향으로 움직이면서 그 반응을 기록했습니다.

실험 결과, 동물은 눈이 아닌 연구자의 머리 움직임에 시선을 집중했고, 아기들은 연구자의 눈의 방향에 맞춰서 시선을 움직였습니다. 이처럼 눈을 맞추며 상담을 하는 것은 서로의 감정을 더 잘 읽으려는 방법이기 때문입니다.

상담사가 내담자에게 의도적으로 어떤 정보를 제한적으로 주고, 그 정보를 내담자가 해석하고 반응하는 것을 보고 상담자는 내담자의 생각과 감정을 예측하고 확인할 수도 있습니다. 비정상적인 반응을 알아차리면서 교정하고 수정하면서 마음을 회복시키는 것이 상담의 목표이기도 합니다. 이렇게 단순히 예측과 기대를 하는 것이 아닌 객관적으로 판단할 수 있는 근거를 배우는 것이 바로 심리학의 목적입니다.

08
용서라는 단어 뒤에 숨은 아픔

"자기만 알고 너무 이기적입니다.
마음이 찢어집니다."

"구름 속에 손을 넣는다고 해도
꺼내 올 것은 젖은 손바닥뿐입니다."

'이번이 마지막이다'라는 말에 속지 말아야 합니다.

입으로 '사랑한다'라고 말을 던져 놓고는 마음은 슬픔 속에 빠트리는 자의 혀를 조심해야 합니다. 진심으로 용서하고 다시 시작하는 마음이시라면 모르겠지만, 그렇지 않다면 자신의 마음을 들여다본 후, 나 자신과 자녀를 위해 독립적인 삶도 바람직할 수 있습니다.

배우자의 여자 문제의 원인을 '나에게로 돌리지 않길' 바랍니다.

나의 잘못이 아니라 오직 상대방의 이기심과 미성숙함 때문입니다. 절대로 자책감을 갖거나 되새김질하며 아파하지 않으면 좋겠습니다. 그림자를 깔고 누워서 슬퍼하지 말고, 발자국을 밟고 일어서서 상황을 정확하게 바라봐야 합니다.

긁히고 깊게 파인 마음을 헤아리기보다는 가정을 지키고 싶어서, 실패자라는 오명을 쓰기 싫어서, 자녀가 방황할까 봐 등 여러 가지 이유로 아픈 마음과는 달리 꾸역꾸역 버티기로 마음먹는 경우가 많습니다. 하지만 조건 없는 이해나 용서보다는 단호한 분리와 거리 두기를 해야 합니다. 자신의 잘못과 자기반성에 대한 의식을 가질 수 있게 해야 합니다.

2022년 스페인 라코루냐대학교 연구진은 〈자신이 얼마나 대단한지에 대해 이야기하는 사람을 경계해야 한다〉라는 연구 결과를 국제 학술지인 『Acta Psychologica』에 발표했습니다. 이 논문에서는 308명의 참가자를 대상으로 마키아벨리즘, 나르시시즘, 사이코패스 등 성격적 특성과 배우자의 관계 사이에 어떤 연관성이 있는지 살펴보았습니다.

이 연구에서는 '거대자신감(grandiosity)'과 '자기중심주의(egotism)' 그리고 '공감 부족(empathy deficit)'과 같은 부정적인 성격을 가진 사람들은 반복적으로 도덕적인 이탈을 할 가능성이 큰 것으로 나타났습니다.

알코올 중독이나 도박 중독처럼 바람을 피우거나 성적인 문제도 '중독'과 관련이 깊습니다.
뇌에는 감정을 다루는 변연계와 생각을 다루는 대뇌피질을 연결하는 '보상회로(compensating circuit)'라는 것이 존재합니다.

문제는 이 보상회로에 처음으로 강렬한 자극을 주게 되면, 그 이후에는 더 크고 강한 자극을 갈망하게 되는 본능이 형성됩니다. 특히 '흥분'과 '쾌감'을 자극하는 호르몬인 '도파민'이 더 큰 자극을 받아야 만들어지는 중독에 빠지게 됩니다. 평범한 일상과 부부 관계로는 '자극'이 되지 않아서 또 다른 여성을 찾게 되고 이런 문제가 반복해서 일어나게 됩니다.

용서라는 글자로 내 아픈 마음을 억누르고 살아갈 것인지 아니면 새로운 삶을 위해 과감하게 독립과 홀로서기를 하실지 자녀와 상의도 하면서 준비하시면 좋겠습니다.

09
세상의 모든 웃음의 시작

> "감정을 조절하고 건강해지려면 어찌해야 할까요. 사실 애들 대학교 다 보내고 나서는 우울감도 심해진 것 같습니다."

자녀에게 사춘기가 힘든 시기라면, 엄마에게는 갱년기가 어둠을 걷는 시기에 해당합니다.

어둠 속에서 헤매고 있을 때, 어둠을 밝히는 한 줄기 빛이 되는 것으로는 책도 있지만, 음악도 있습니다. 삶에 의문이 생겼을 때 내 질문에 글자는 흔쾌히 답을 건네주었습니다. 하지만 몸이 아플 때는 음악이 소리로 어루만져 주는 역할을 하기도 합니다. 갱년기가 시작된 후로 감동과 격려를 찾는 온몸에 음악을 듣는 내내 정신 갈이를 할 수 있도록 도움을 받습니다.

비바람이 세차게 몰아치면 새들도 근심하며 슬퍼하듯, 갱년기로 인해 몸도 마음도 흐린 날씨가 이어지면 감정도 휴가에 들어갑니다. 모든 일을 멈추고 우울감에 빠지는 것입니다. 그럴 때일수록 음악을 들으면 효과가 높습니다.

2022년 미국 폐경학회 소속 스테파니 포비온 박사는 〈갱년기 증상과 우울증에 대한 음악 요법의 효과: 무작위 대조 연구(The effect of music therapy on menopausal symptoms and depression: a randomized-controlled study)〉라는 논문을 『LWW 저널』에 발표했습니다. 이 논문에서는 갱년기의 증상으로 우울한 기분, 안면 홍조, 수면 장애, 관절통, 근육통 등에 음악이 놀라울 정도로 도움이 되는 것으로 나타났습니다.

특히 느리고 편안한 음악은 스트레스 호르몬인 코르티솔 수치를 낮추었습니다. 이러한 현상은 혈압을 낮추고 심장 박동을 천천히 뛰게 했습니다. 이로 인해 호흡이 정상을 유지하면서 갱년기 증상과 우울증 위험이 낮아지는 것으로 나타났습니다.

글자가 마음을 토닥인다면, 음악은 몸을 어루만져 줍니다.

음악의 선율 위에 서면 세상의 모든 웃음이 거기에서 시작된 듯한 착각을 하게 됩니다. 음악에서 웃음을 배운다면 나도 음악처럼 웃을 수 있을 것만 같습니다. 통계로 보면, 아이들은 하루에 400번 정도 웃지만, 어른들은 하루에 14번 정도 웃는다고 합니다. 웃음도 나이가 들어 갈수록 그 횟수가 줄어든다고 하는데, 몸에 있는 꽃이 시들어 버리는 것으로 인식되는 갱년기에는 더더욱 기가 막혀 하루에 한 번도 웃지 않을 때가 있습니다.

웃음은 마음을 피우는 꽃인데 마음이 먼저 시들어 버리면 웃음도 기운을 잃어버립니다. 자연스레 웃음을 되찾기 위해서 매일 책을 펼쳐 들며 음악을 들으시면 좋겠습니다. 불안은 영혼을 잠식합니다. 갱년기가 나를 불안하게 할 때마다 글자만큼 음악도 큰 힘이 될 것입니다.

온몸에 싹이 트고 꽃이 피듯 살아 있는 글과 음악을 곁에 두시면 좋겠습니다. 곁에 자주 둘수록 바쁘게 달리던 마음은 천천히 안정감을 찾을 겁니다.

10
여유로움을 선사해 주는 움직임

> "저는 너무 자주 충동적으로 결정해서 실수하고 후회가 많아요."

> "미래에 대한 불안, 빠르게 안정을 찾고자 하는 초조감 때문에 판단력이 흐려지고 반감되어서 그럴 가능성이 큽니다."

실수와 후회가 반복되면, 눈길에도, 손길에도, 발걸음에도 납덩이 하나 얹힌 것처럼 무거워집니다.

스스로 실수를 생각하면 난해한 시를 읽는 듯 해석이 어려워 온몸에 전해지는 난감함에 위축되고, 생각은 뒷걸음치게 됩니다. 뒤로 한 걸음, 두 걸음 옮기다 보면, 어느새 생각보다 저 멀리 뒤로 물러난 자신을 깨닫게 됩니다. 멀어진 거리만큼 빠르게 보충해야 한다는 조급함에 말과 충동적 행동으로 실수가 반복되면서 악순환의 고리가 형성된 것입니다.

이전에 했던 실수를 만회하겠다는 결의가 눈에도 몸에도 가득하지만, 문제는 그 의지가 충동적인 판단으로 이어진다는 것입니다.

단순한 실수는 그냥 시간의 어깨를 빌려서 지나가면 그만이지만, 되돌리기 힘든 큰 실수는 대인 관계도 깨지고 경제적으로 타격을 받고 심리적으로도 무너지면서 상처가 된다는 것이 가장 큰 문제입니다.

미용하는 분들은 얼굴보다 머리 모양으로 사람을 기억합니다. 옷을 디자인하는 디자이너들은 옷차림으로 성격이나 습관까지 파악합니다. 구두를 닦는 분들은 얼굴보다 구두로 사람을 익힙니다.

이들처럼 상담학자나 심리학자들은 일반적이지 않은 행동과 언어 습관 등을 보면서 이전에 어찌 살아왔는지 과거를 분석하고 핵심 문제를 찾아내서 스스로가 깨닫도록 도와줍니다. 사람이 사람을 안다는 것은 참으로 쉽지 않습니다. 자신의 문제를 깨닫고 변화시키는 것은 더 어렵습니다.

아무리 지혜로운 사람들도 스스로의 문제지만, 저만치 위에서 내려다보거나 슬쩍 지나치는 것으로 자신의 문제가 아닌 것처럼 방어기제를 사용합니다. 적나라하게 자신의 삶으로 들어가서 생각을 현실과 같은 높이로 마주 서 보고, 마음의 눈도 맞추고 핵심 문제의 내면을 들여다봐야 합니다.

그나마 핵심 문제에 가장 가까이 다가서는 방법은 현실에 단 한 번이라도 변화를 시도해 보는 행동에 있습니다. 행동 없이, 실천 없이 생각으로만 자신의 문제를 바라보는 것은 수박 껍질 한 번 핥아 놓고는 수박 맛을 다 봤다고 하는 것과 다르지 않습니다. 후회하고 아파하고 흘리는 눈물의 양에 10분의 1만이라도 변화를 실천한다면, 충동적인 결정은 사라지고 여유롭고 합리적인 결정을 하는 나 자신을 발견하게 될 것입니다.

 순간의 설레는 가슴이 충동적인 감정에 마음을 빼앗기지 않도록 꾸준히 글을 읽으면 좋겠습니다. 다소곳이 고개를 숙이고 책을 읽으면서 낯선 생각에 예고도 없이 행동이 앞서 나가지 않도록 붙들 수 있는 생각의 근육이 울퉁불퉁하면 좋겠습니다.

3장

버려도 자꾸 찾아오면
책을 방패 삼으세요

절대로 악수해서는 안 되는 대상
오랜만에 맛보는 햇볕, 긍정 멀미
마음을 점령한 안개 군단
내 마음의 로또
종종걸음 안에 숨어 있는 걱정
정체를 알 수 없는 희미한 자아
계절 중 가장 짧은 가을, 가장 깊은 물적함
해결되지 않는 지침
빛날수록 잃어 가는 나 자신의 빛
꼬리에 꼬리를 무는 생각

01
절대로 악수해서는 안 되는 대상

> "우울해서 잠을 계속 못 자네요.
> 방법이 없을까요?"

우울감이 가득한 밤이란, 제목도 없고, 목차도 없고, 결론이 다 사라진 시간입니다.

우울감은 마음의 페이지를 열 때마다 닫히는 자동문처럼 시간과 공간을 초월해서 나를 괴롭힙니다. 절대로 악수를 해서는 안 되는 대상이 우울감입니다. 생살을 뚫고 들어오는 느낌처럼 가느다란 바늘도 아니지만, 통증과는 다른 이질감으로 머릿속으로 함부로 들어와 매번 섬뜩하고 금세 지나가야 할 시간이 자꾸 길어져 밤을 지배합니다.

무의식의 차원에서 발 없는 유령처럼 생각의 등 뒤를 따라다니고 쫓아다니다 마음 깊숙하게 들어와 온 마음을 헤집어 놓습니다. 곤히 자고 있던 걱정과 의심, 불안과 분노까지 모두 깨우더니 '불멸의 우울'이라는 하나의 단어처럼 큰 바위가 머리와 마음에 자리하게 됩니다. 치울 수도 없고 뚫어 낼 수도 없고 부숴 버릴 수도 없는 존재로 우두커니 모든 생각을 가로막으며 마음으로 흘러가지 못하게 만들어 굶겨서 메마르게 만듭니다. 마음의 바닥이 생각의 물기가 전혀 없어서 쩍쩍 갈라져 버립니다.

1997년 케임브리지대학교 실험심리학과 브랜단 브래들리(Brendan Bradley) 교수팀은 〈유도 및 자연 발생 불쾌감에서 부정적인 정보에 대한 주의 편향(Attentional biases for negative information in induced and naturally occurring dysphoria)〉이라는 논문을 『행동 연구 및 치료(Behaviour Research and Therapy)』에 발표했습니다. 이 논문에서는 참가자들에게 우울한 기분을 느끼도록 유도한 이후, 일반 단어들과 '절망', '의심', '포기'와 같은 우울 관련 단어들을 같이 보여 줬습니다. 이 연구에서 참가자들은 우울 관련 단어에 집중도가 엄청나게 증가한다는 것을 알아냈습니다.

우울감이 높아질수록 부정적인 표정에 대한 정보를 유독 더 잘 기억하게 되고, 반대로 긍정적이고 기쁜 표정에는 반응하지 못하는 문제를 가지는 것으로 나타났습니다. 결론적으로 우울감이 높은 날에는 상황적 문맥이나 타인과의 대인 관계에서 인지적 지각이나 감정적 대응 능력 등이 모두 우울한 쪽으로 편향되는 것입니다. 매사에 우울감을 느끼는 자동적 사고의 악순환을 끊어 내기 위해서는 두 가지 방법이 있습니다. 하나는 '생각 멈추기 기법' 그리고 다른 하나는 '전문가의 글을 수용하기(전문 서적 읽기)'입니다.

'생각 멈추기 기법'은 우울하고 부정적인 생각이 생기면, 그 순간 자기 생각을 멈추고 그 생각이 사실인지 확인하는 것입니다. 일부가 사실이라도 그 사실이 나에게 도움이 되는지 확인하면 생각의 환기가 됩니다. 환기되어 다시 처음 생각을 꺼내었을 때 전혀 다르게 보이게 됩니다.

또, 전문가의 글을 통하여 내 생각이 아니라 저자가 전하는 지혜를 읽어야 합니다.

글자가 눈으로 들어오면 내 안에도 어떤 빛나는 야성이 깃들어 있다고 느끼게 됩니다. 글자가 눈이 아니라 마음에도 도달하면 곧바로 밝은 빛이 되살아나면서 가슴 한편이 뜨거워집니다.

02
오랜만에 맛보는 햇볕, 긍정 멀미

> "매일 올라오는 사건·사고 뉴스를 보는 것이 두렵고 힘들어요. 저한테 문제가 있는 걸까요?"

 마음 젖는 줄도 모르고 사건·사고 뉴스에 집중하지 말아야 합니다. 예전에 사건·사고를 심리학으로 분석해서 칼럼을 오래 썼습니다. 하지만 지금은 잘 쓰지 않습니다. 가슴 아픈 이야기에 눈물이 씨가 되어 우울의 꽃을 피우고, 흐르는 생각도 꽁꽁 얼어붙게 만들어 힘들었기 때문입니다.

 마음에 해가 뜨고 날이 밝아야 하는데, 아침부터 부정적인 뉴스를 읽는 것은 하루를 통으로 무너뜨리고 진통을 느끼게 만드는 일입니다. 끔찍한 뉴스를 읽기보다는 햇솜처럼 부드러운 손길이 내리고 둥글고 포근한 목소리를 품은 에세이 한 편을 읽는 것이 하루를 슬프지 않게 보내고 마음 창문 활짝 열 수 있는 최고의 방법입니다.

마음 강변에 우울의 안개가 비처럼 내리는 것은 더듬거리며 읽어 내는 하루의 첫 글이 사건·사고 이야기일 가능성이 큽니다.

2018년 5월 영국 유니버시티칼리지 탈리 샤롯 교수팀은 〈스트레스 상황에서 나쁜 뉴스를 더 잘 처리한다(How your mind, under stress, gets better at processing bad news)〉라는 논문을 『이온(Aeon)』에 발표했습니다.

이 논문은 미국 콜로라도에서 근무하는 소방관들을 대상으로 연구했습니다. 참가자들에게 자동차 사고, 사기 사건과 같은 정신적 외상을 입을 만한 사건을 경험할 수 있다는 위험을 생각하게 한 후, 좋은 뉴스와 나쁜 뉴스를 전달했습니다. 그 결과, 스트레스를 받은 소방관들은 좋은 뉴스보다 오히려 나쁜 뉴스를 더 명확하게 생각하고 잘 이해하며 빠르게 대응했습니다.

반대로 소방관들은 휴식 시간에는 자신들에게 어떤 일이 일어날지에 대해서 지나치게 낙관적인 생각을 하면서 새로운 정보의 세부적인 사항에 대해서 주의를 기울이지 않는 것으로 나타났습니다. 스트레스를 받은 상태에서 나쁜 뉴스를 꼼꼼하고 세세한 사항까지 읽어 내는 것과는 다른 모습이었습니다.

그런 날이 있습니다. 마냥 게으르고 싶은 날 말입니다. 밥이고 글이고 다 귀찮아서 이불을 끌어안고 뒹굴뒹굴하며 우울을 헤아리다 하루가 다 가는 날 말입니다. 이럴 때는 내 마음이나 눈물방울이 쇳덩이보다 더 무거워 보일 때가 있습니다. 그게 행복이든 불행이든 그냥 그 자체로 무겁습니다. 마음 위로 떨어지는 눈물 소리를 자장가 삼아 잠을 청하는 날이 점점 쌓이지 않도록 해야 합니다.

나쁜 뉴스를 자주 보는 것도 나만의 상처 만들기 습관인지도 모릅니다. 저녁에 해가 져도 해만 지는 게 아니라 세상이 통째로 지는 것처럼 확대하는 것이 생각입니다. 힘을 주는 글을 읽어서 어둠의 장막이 걷히고 눈부신 햇살이 거침없이 쏟아지는 하루를 시작하면 좋겠습니다. 너무 어둠의 돛단배만 타다가 햇볕을 오랜만에 맛보면 '긍정 멀미'를 하게 됩니다.

03
마음을 점령한 안개 군단

> "요즈음 그냥 우울한데 이유가 없어요.
> 주변에서 왜 그러느냐고 이유를 묻지만
> 대답하기도 어려워요."

그럴 수 있습니다.

마음을 점령한 안개 군단이 시간이 지나도 물러날 기미가 없고, 생각의 나뭇가지마다 젖은 행주 같은 안개가 주렁주렁 걸려 있어서 그 틈을 뚫고 햇빛을 비추기 어려울 때가 분명 있습니다. 원래부터 그랬던 것처럼 이젠 별로 낯설지 않아서 이유가 없는 것처럼 느껴져도 대답하기 힘들 정도로 우울한 날들을 무심코 걸어왔기 때문입니다.

남이 보기에는 썩 좋아 보이지 않아도, 내가 나를 바라볼 때는 괜찮아 보이는 착각이 유지되기도 합니다. 그래서 인식이 중요합니다. 자신의 모습을 있는 그대로 인식하는 것만큼 중요한 것은 없습니다.

펄펄 끓는 물에 던져진 손이 이상하리만치 아무런 고통을 느끼지 못한다면, 결국 눈물이 뚝뚝 떨어지도록 서럽게 우는 일밖에 할 수 있는 일이 없습니다. 이러한 이유로 생생하게 나 자신의 모습을 감지할 수 있어야 합니다. 오래 생각하지 않아도 자신의 속내를 짐작할 수 있어야 아픈 기억을 몽땅 쏟아 버리고 좋은 기억만 가지고 삶을 달려갈 수 있습니다.

나 자신의 우울함을 벗어나기 위해서는 책을 붙들고 씨름을 해야 합니다.

어느 문장이 어떤 마음을 건드릴지 모르지만, 따뜻한 위로가 될 것입니다. 혼자만의 생각으로 공허한 다짐을 하다 보면 반복된 지침과 우울로 악순환의 고리에 갇혀 버립니다. 공허한 다짐으로는 마음 여기저기 생채기가 날 때 헤어날 수가 없습니다.

글 속에서 길어 올리는 지혜의 물은 말라 가는 생각을 적셔 주고 사막화가 되어 가는 마음에 오아시스가 되어 줍니다. 마르지 않는 지혜를 가질 수 있다는 것은 느닷없이 찾아오는 낯선 우울에도 조금의 경계도 없이 마주할 수 있는 담대함을 가집니다. 글과 함께하는 것은, 텅 빈 시선을 따라 자꾸 허공을 훑는 불안함과 손을 잡지 않을 힘이 생기는 것입니다.

이해할 수 없는 현실과 한없이 내려가는 우울함에 그저 고개만 갸웃거릴 때 가장 필요한 것은 바로 글자가 건네는 지혜뿐입니다.

04
내 마음의 로또

> "삶에 의미를 잘 못 느끼는 남편이 로또를 너무 자주 구매하는데 걱정이네요."

삶은 머리가 아니라 가슴입니다. 마음이 아프거나 머리가 무거워질 때는 주변에 사람은 보이지 않고 돈만 달랑 보입니다. 사랑에 조건이 붙는 순간 그것은 사랑이 아니라 거래인 것처럼, '당첨된다면!', '얼마를 번다면!'처럼 삶에 조건이 붙는 순간 그것은 삶이 아니라 눈물입니다.

로또 구매에 집중하는 만큼 책을 구매하는 데 몰입한다면 얼마나 좋을까 생각합니다. 정착할 곳 없어 허공을 떠돌던 미세한 마음 입자들이 지치고 지쳐서 앉을 곳을 찾은 장소가 바로 로또일 것입니다. 지금 이 상태로는 여기에서 나를 아무도 원하지 않는다고 느낄 때, 미래의 마음과 내 안의 마음이 소통하길 바라며, 로또가 꼭 필요한 소비라는 생각을 하는 것입니다.

'경험학습(learning by experience)'이라는 용어가 있습니다.

교육에 의한 간접 경험이 아니라 현실 사회와 접촉하며 생활하는 가운데 체득하게 되는 학습을 말합니다. 중년의 경우, 어려서 동네에 만화방이나 오락실 한 곳쯤은 단골이었던 시절이 있었습니다. 이 만화방이나 오락실을 통해 돈을 주고 즐거움을 거래해 본 경험의 입자가 손가락에 쌓이고 쌓여서 지금도 남아 있습니다. 또 동전 구멍으로 동전을 투입하고 게임을 하는 과정을 반복하면서 부족한 마음을 채웠던 경험이 화석화되어 있습니다.

이러한 경험학습을 통해 어른이 된 지금, 동네에서

로또 판매하는 곳을 들르면 추억마저 불러일으키게 됩니다. 다시 말하면, 아이들보다 어른들의 중독 현상이 많습니다. 중독되는 이유 중에 경험학습뿐만 아니라 조절 능력에 따른 것도 있습니다. 자녀들과 달리 어른은 경제적인 통제권을 스스로가 쥐고 있으므로 혼자서 감당해야 합니다. 혼자 감당이 안 되는 사람은 쉽게 로또와 같은 복권에 빠지기 쉽습니다.

2010년 미국 캘리포니아주립대학교 버클리 캠퍼스 세리 존슨(Sheri Johnson) 교수팀은 〈양극성 장애로 진단받은 사람들의 기대치 상승(Elevated expectancies among persons diagnosed with bipolar disorder)〉이라는 논문을 『PubMed Central』에 발표했습니다.

이 논문에서는 103명의 참가자를 대상으로 명예나 물질에 대한 욕망과 조울증의 관련성에 대해 분석했습니다.

분석 결과, 성공 가능성에 큰 기대를 품고 있는 사람일수록 우울증이나 조증을 많이 앓는 것으로 나타났습니다.

 물질적 기대가 파 내려간 미로를 더듬어 가다 보면 결국 삶의 출구에 도착은 하겠지만, 의미보다는 허무감이 먼저 도착합니다. 시간을 떠나보내는 것은 누구의 잘못도 아니지만, 무의미하게 보내는 것은 나의 책임입니다. 남편에게 따뜻한 편지 하나 써서 전달하면 좋겠습니다. 아닐 수도 있겠지만, 남편의 가슴을 따뜻하게 데워 주는 글자가 혼자서 가슴앓이하지 않도록 도와줄 수도 있을 것입니다.

05
종종걸음 안에 숨어 있는 걱정

> "정신없이 바쁘게 보내면 걱정도 덜하고
> 잊을 수 있으리라 생각했거든요."

 셀 수 없는 '0' 앞에만 서 있는 것은 밤에는 낮을 생각하고, 낮에는 밤을 생각하는 것과 같습니다. 마음에 걱정이 가득 차면, 심연에 흩날리던 것들이 가슴에 매달려서 이리 쿵 저리 쿵 합니다. 흔들리는 마음 이곳저곳은 흠집투성이가 됩니다. 기억을 나사처럼 더는 돌아가지 않을 때까지 돌리다가 내면의 슬픔이 내지르는 소리에 놀라 뒷걸음치며 더 큰 우울과 만나게 됩니다.

 잘 안 열리는 마음의 문을 두 손으로 밀고 들어서면, 헌 생각들을 밟고 선 마음이 세상의 온갖 무게를 받아 안고 낑낑거리고 있는 것을 볼 것입니다. 구불거리는 계단으로 다가서면 눈시울이 쭈뼛쭈뼛 내려올 것입니다. 이럴 때 보이지 않는 생각과 말을 뾰족하게 깎아 나를 찌르게 됩니다. 이것이 죄책감이고 우울이고 슬픔입니다.

나에게서 떨어져 나간 나를 사랑하기는 어렵습니다. 제거되고 쫓겨나고 추방된 나로서는 아무리 바쁘게 지내봐야 갈 데 없이 타는 버스를 탄 것과 다를 바 없습니다. 걱정으로부터 멀어지려 해도 덧없는 틈새를 느끼게 됩니다. 걱정의 등에 기대어 돌아선 것뿐입니다.

2021년 오스트레일리아 RMIT 대학교 연구팀은 〈단순히 바쁘게 보내는 것만으로는 불안한 감정을 추스르는 데 도움이 되지 않을 수 있다〉라는 논문을 『국제과학저널』에 발표했습니다. 이 논문에서는 95명의 실험 참가자들에게 주로 어떤 활동을 하면서 시간을 할애하는지와 그런 활동 이후에 느끼는 감정을 조사했습니다.

연구 결과, 단순 활동으로 바쁘게 보내는 것은 울 일도 많지만 웃을 일도 많아서 긍정적인 감정과 부정적인 감정 모두가 증가했고, 반대로 의미 있다고 느끼는 활동을 할 때는 감정의 기복이 심하지 않고 좀 더 차분하고 안정적인 상태에 이르는 것으로 밝혀졌습니다.

접혀 있는 하루를 펼쳐서 글자를 읽듯 읽어야 합니다. 그러면 다른 시간과 다른 배열이 시작될 수 있습니다. 정신없이 보내는 건 딴생각하고 딴 곳을 걸어가는 것과 같은 것입니다. 의미 있는 생각의 발자국을 찍고 나가는 그 무엇이 겨울로 걸어 들어가서 봄으로 나오는 희망일 것입니다.

자신의 문제에 좀 더 집중해서 고민 덩어리의 부피를 줄여 나가야 합니다. 문제의 덩어리가 줄어들 수 있다면, 내 삶의 영역은 좀 더 넓어지게 될 것입니다. 삶에서 일어났던 부정적인 일들에 대해 감정의 분리를 먼저 진행해야 합니다. 이리저리 쌓인 생각의 짐 때문에 내 문제마저 온전히 들여다볼 수 없는, 말하자면 주객이 뒤바뀌어 있는 것입니다.

이길 수 없는 괴물과 가운데 깊은 구덩이를 두고 줄다리기하는 것을 그만둬야 합니다. 힘들지만 내 삶의 힘듦과 씨름하기보다 그 힘듦을 껴안고 더 중요한 것들을 발견해 나가는 여정을 선택해야 합니다. 고민하는 삶의 어려움을 어떻게 대하고 어떤 태도로 맞이할지가 가장 중요합니다.

06
정체를 알 수 없는 희미한 자아

> "배우자 말고 친구가 꼭 필요하다고 하셨는데요. 그 이유가 뭔가요? 저는 내성적이라서 친구가 없거든요."

> "회복 탄력성 때문에 대화를 나눌 수 있는 친구가 있어야 합니다."

삶이 고적하면 결국 고독으로 접어듭니다.

작은 감정의 리듬이 깨질까 봐 무리해서라도 억지웃음을 지어 보지만, 절대 고독으로 빠지는 경우가 허다합니다. 캄캄한 어둠 속 거울에 비친 벌거벗은 나를 보면 숱한 생각이 스쳐 지나갑니다. 모든 생각을 끈 채

그 어둠을 온전히 받아들입니다. 밤길을 이리저리 혼자서 달리다 보면 당혹스러운 상황이 자주 일어나게 됩니다.

우울해서 만난 자아는 정체를 알 수 없을 만큼 희미하기만 합니다. 조금만 비켜서면 살 수 있는데도 전혀 눈치채지 못하고 어둠을 향해서 죽어라 하고 달려갑니다. 우울함에 빠진 상태에서 본 것들은 모두 허상이라는 것을 깨닫기 위해서 대화를 나눌 친구가 절실히 필요합니다. 아니면 스스로 질문을 던질 수 있는 책을 붙들어야 합니다.

2021년 미국 뉴욕대학교 의대 신경과 데이빗 레비도 교수팀은 〈말을 잘 들어 주는 사람을 곁에 두는 것은 두뇌 건강에 큰 영향을 미친다〉라는 논문을 『미국의사협회지』에 발표했습니다. 이 논문에서는 2,171명의 참가자를 대상으로 뇌 용적이 줄어드는 40대와 50대의 경우, 주변에 말을 잘 들어 주는 사람(good listener)을 친구로 둔 사람과 그런 친구가 없는 사람은 인지 연령에서 4세나 차이가 나는 것을 밝혀냈습니다.

신경 병리학 즉 뇌의 노화나 알츠하이머 같은 병들은 우울증 증상으로 유발되는 경우가 대부분입니다. 또 우울증을 유발하는 시작은 '외로움'입니다. 말을 잘 들어 줄 수 있는 누군가가 곁에 있다면, 힘든 일이 있어도 '인지적 회복 탄력성(cognitive resilience)'이 대폭 높아져서 쉽사리 우울감에 빠지지 않게 됩니다.

"너는 혼자가 아니야."

스스로에게도 말해 줘야 하지만, 따뜻한 불빛과 같은 말동무가 전해 주는 말을 자주 들어야 합니다. 아니면 책에서 글자가 전해 주는 위로도 좋습니다. 아무도 살 것 같지 않은 마음속에 불빛이 내려와 길을 열어 놓기 때문에 곁에는 누군가 있어야 합니다. 우울과 손잡고 어둠 속에 눌러살고 싶다는 생각이 들지 않도록 책이든 말동무든 곁에 두어야 합니다.

사탕을 아껴 먹는 아이처럼, 삶을 조금씩 되새김질하며 이야기를 나눌 수 있는 친구가 있다는 것은 뭔가 아닌 것 같은 삶의 모호한 불안감을 날려 버릴 가장 좋은 상태입니다. 나 자신을 들여다보고 진정한 나를 찾는 가장 좋은 방법은 객관적으로 나를 바라볼 수 있도록 함께 걸어가는 말동무밖에 없습니다.

07
계절 중 가장 짧은 가을, 가장 깊은 울적함

> "가을이라 그런지 울적하네요."

> "가슴으로 툭 떨어지는 적막,
> 가을이 되면 마음 관리를 잘하셔야 합니다."

시간의 등을 밀며 먼 길을 걸어왔습니다.

매년 가을이 되면 어김없이 찾아오는 계절성 몸살로 두문불출이거나 침대하고 부쩍 친해져 버립니다. 혼자 앓는 날들은 쓸쓸하고 우울해집니다. 유일한 대화 상대는 변해 가는 산의 옷 색깔이며 비 오는 소리뿐입니다. 이 상태에서 가을 전체와 궤적을 함께하다 보면 스스로 마음의 질서를 찾아가는 것이 어렵게 됩니다. 우울과 울적함이 떼로 덤벼서 어둠이 나를 삼켜 버리기 때문입니다.

한 페이지를 접는 계절이 가을입니다. 무성하던 나무도 자연도 한 해의 흔적을 지우는 시간입니다. 10월부터는 삶에서 묻혀 온 생각의 먼지를 털어 내고 조금씩 어두운 흔적을 지워 나가는 계절입니다. 섬세하게 빗질한 시간과 공간을 조합해서 만들어 낸 삶은 가을답지 않게 포근하게 됩니다.

2021년 7월 미국 뉴욕주립대학교 리나 베그다셰 교수팀은 〈젊고 성숙한 남녀의 일일 대체 건강한 식생활 지수, 운동, 수면, 계절 변화 및 정신적 고통 사이의 동적 연관성(Dynamic associations between daily alternate healthy eating index, exercise, sleep, seasonal change and mental distress among young and mature men and women)〉이라는 논문을 『정동장애학회지』에 발표했습니다.

이 논문에서는 2년 동안 52명의 참가자의 식단, 수면, 운동 등 전반적인 생활과 정신 건강에 대한 정보를 수집 및 분석한 결과, 여름보다 가을에 정신적인 고통이 가중되는 것을 밝혀냈습니다.

 흥미로운 점은 계절이 바뀌면서 낮은 기온으로 인해 몸속의 열을 보호하기 위해서 혈관이 수축하고 혈압이 상승하면서 심혈관에 문제를 일으킬 가능성이 커지는 것으로 나타났습니다. 그리고 날이 차가워지면서 건조해질 때 체내에 있는 수분이 빠져나가서 물을 많이 마셔 줘야 하는 상황이 자주 찾아오고, 시각적으로도 나뭇잎 색깔이 바뀌면서 신체는 우울 모드로 변화되는 것으로 나타났습니다.

 가을이 깊어질수록 생각보다 정신은 무게감을 더할 수 있어서 마음 건강에 더욱 신경을 써야 합니다. 준비하지 않은 가을을 맞이하다 보면 버려야 할 것들을 쥐고 있는 마음이 무게를 더해서 갑작스럽게 우울의 길로 빠지게 됩니다.

가을에도 생각이 각박하지 않고 마음이 넉넉하게 품을 내줄 수 있는 정도가 되려면 책을 읽어야 합니다. 글자가 건네는 따뜻한 온도와 종이의 감촉이, 차가워지고 굳어져 가는 몸과 마음을 부드럽게 유지해 줄 것입니다.

계절 중 가장 짧은 가을, 가장 깊은 울적함에 빠지지 않도록, 등에 기분 좋을 만큼의 땀이 배도록 운동과 독서를 이어 나가면 좋겠습니다.

08
해결되지 않는 지침

> "저도 행복해질 수 있을까요? 요즘 따라 남편보다 제가 더 술을 자주 마십니다."

> "네, 행복해질 수 있습니다. 반짝이는 행복은 사실 아주 가까이에 있습니다."

유독 지친 하루.

한 줄기 위로가 되어 주는 글자를 만나서 삶의 전환점을 맞는 경우가 허다합니다. 나에게 필요한 것은 대단한 것이 아니라 곁에 있는 책 한 권이 주는 위로와 휴식이라는 사실을 깨닫기가 어렵습니다. 하루에도 수 없이 많은 감정이 생겼다가 사라지게 됩니다. 살아가면서 어찌할 수 없는 흔들림을 마주할 때 한 번씩 꺼내 보며 마음을 다잡을 수 있는 진통제 같은 글을 찾아야 합니다. 지쳤다는 이유만으로 눈길과 손길을 멈추지 말고 발걸음을 책장으로 옮겨서 책과의 만남을 이어 가야 합니다.

2021년 12월 미국 애리조나주립대학교 패톡 패컴(Patock-Peckham) 교수팀은 〈스트레스, 음주 1회, 성별이 음주에 미치는 영향(Effects of stress, alcohol prime dose, and sex on ad libitum drinking)〉이라는 논문을 『중독행동심리학회지』에 발표했습니다.

이 논문에서는 남녀 210명의 참가자를 모아서 실험을 진행했습니다. 무작위로 두 그룹으로 나눠서 A 그룹은 스트레스를 받은 상황을 경험하게 했습니다. 반대로 B 그룹은 스트레스를 받을 만한 상황을 주지 않고 음주에 대한 통제력을 관찰했습니다.

실험 결과, 스트레스와 음주 통제력 저하는 밀접한

관계가 있다는 것으로 나타났습니다. 특히 여성은 스트레스를 경험했을 때 술을 마셨지만, 남성은 스트레스와 상관없이 술을 한두 잔 섭취했을 시 과음으로 진행하는 것으로 나타났습니다.

음주는 일시적으로 불안을 줄여 주고 수면도 유도할 때가 있습니다. 하지만 오랜 시간 음주를 지속하면 내성이 생겨 불안과 수면이 조절되지 않아서 술에 의존하게 됩니다. 술을 마시지 않으면 오히려 불안이 올라갑니다. 술이 없으면 수면 유도가 되지 않기 때문에 더더욱 술에만 의지하게 되는 악순환에 빠지는 것입니다.

음주에 의존하면서 잊어버렸던 기능들을 회복하는 것이 중요합니다. 불안이 올라올 때 술이 아니라 책을 잡을 수 있어야 합니다. 떨어진 불안을 회복해야 수면 문제도 자연스럽게 해결이 됩니다.

해결책은 언제나 내게로 향해 있습니다.

술은 해답이 아닙니다. 어제도 아프고 오늘은 슬퍼해도 절망을 어깨에 메고 떠돌면서 술을 찾으러 다니면 아무것도 해결되는 것이 없습니다. 마음의 길이는 술이 아니라 오직 마음의 자로 잴 수 있습니다. 말하지 않아도 알아줬으면 하는 서러운 마음도 스스로가 들여다보지 못한다면 늘 어둠에 갇히게 됩니다. 하고 싶지만 삼켰던 말들을 책 속에서 발견하며 마음을 검열하는 것이 중요합니다. 불행이 나를 삼키지 않도록, 술로 발버둥 치며 견뎠던 시간은 뒤로 밀어 두고 글자를 크레파스 삼아 생각과 마음 도화지에 덧칠해 가며 회복하는 시간을 만들어 가야 합니다.

09
빛날수록 잃어 가는 나 자신의 빛

> "술이 안 좋다는 걸 알지만 그래도 마음 힘들 때 한 잔씩 하면 좀 괜찮아지는데요. 이런 정도는 괜찮지 않을까요?"

> "괜찮지 않습니다."

힘든 마음을 술이 삭이지 않게 하고, 글로 살려야 합니다.

술이 나의 마음을 다독이는 것이 아니라 내가 나의 마음을 지켜야 합니다. 만약 하루라도 술을 마시지 않고 나 자신을 만난다면, 하루가 아닌 반나절 아니, 몇 분이라도 자신을 스스로 관찰하고 바라보면서 꼭 끌어안고 목청이 터지도록 우는 것이 좋습니다.

내가 아니라 술이 빛날수록 평생 나 자신을 볼 수 없을지도 모릅니다. 꿇고 있는 것이 무엇 때문인지 모르겠지만 계속 술 앞에 꿇고 있어서 일어날 힘을 잃어버리기 전에 스스로 일어나는 힘을 길러야 합니다. 술이 아니라 글 안으로 들어가겠다고 생각할 때 길이 보일 것입니다.

술에 취한 나를 나라고 믿으면 안 됩니다. 낮에는 낮의 속도로 밤에는 밤의 속도로 시간이 자라듯, 술로는 절대로 힘든 마음의 그림자를 떼어 낼 수 없습니다. 빛을 꺾어 술 속에 힘든 마음을 묻으면 그 속에서 뿌리를 내린 고통과 아픔은 더더욱 바닥을 기어다니게 됩니다.

2021년 미국 미주리대학교 연구팀이 〈부정적인 감정에 대응하기 위해 마시는 술은 상황을 악화시킬 수 있다〉라는 논문을 『이상심리학회지』에 발표했습니다. 이 논문에서는 실험 참가자 58명의 일반인과 정신 질환 중 경계선 인격 장애 진단을 받은 환자 52명까지 모두 110명의 참가자를 대상으로 실험을 진행했습니다.

 연구팀은 먼저 실험 참가자들에게 3주간 매일 하루 생활을 기록하도록 했습니다. 예를 들면, 술을 마셨는지 감정의 정도가 불안했는지 외로웠는지 우울했는지 등에 대해 기록하도록 했습니다. 술을 마실 때 부정적인 감정이 줄어들고 편안해졌는지 평가하도록 했습니다. 또 술을 마신 후 3시간이 지나서는 불쾌한 감정이 완화되었는지에 대해 기록하도록 했습니다.

 실험 참가자들의 생활 기록지를 분석한 결과는 술을 마신 후에 부정적인 감정이 더 증폭되는 모습을 보였습니다. 특히 정신 질환 환자들은 더욱 심했습니다. 이렇게 실험 참가자들의 예상과는 달리, 술이 자신들의 감정을 도와주지 못하는 이유는 술에 의지할수록 술이 감정을 통제하는 도구이고 감정은 술에 의해 조절되는 대상으로 여겨지면서 점점 술에 의존하게 되는 모습 때문에 더더욱 나약하고 부족한 모습으로 자신의 자존감이 낮아지게 만들기 때문입니다.

술의 힘을 빌려 크게 웃는 사람의 침대는 슬픔으로 축축해질 뿐입니다.

힘든 마음일수록 두껍고 무거운 마음의 문을 숨기려 하고 문이 없는 척합니다. 술에서 힘껏 도망쳐 나와 글로 피하는 방향에서 희망이 시작됩니다. 과거를 닮은 유리창을 맨발로 밟고 서 있는 스스로가 되지 않도록 술이 아니라 글자에서 뿜어져 나오는 지혜의 여러 겹을 마시길 바랍니다.

10
꼬리에 꼬리를 무는 생각

> "부정적인 생각을 하면 멈추지 못하고 계속 생각만 하게 되어서 힘드네요."

> "마음은 바다와 같아서 부정적인 생각의 거센 파도를 만나면 모든 것을 잃어버릴 정도로 타격을 입게 됩니다."

생각의 속성을 이해하는 것이 우선입니다.

생각의 반대는 현실입니다. 다시 말하면 생각은 비현실이고 사실이 아닙니다. 생각을 많이 하는 '나'일수록 비현실적인 정체성과 가치관이 형성되게 됩니다. 생각과 생각이 모이고 모여서 점점 더 현실에서 멀어지게 만듭니다.

또, 생각은 여유를 빼앗고 찰나에 나타났다가 사라지는 '휘발성(volatility)'이 강한 특징을 가집니다. 이렇게 순식간에 올라오는 생각의 손을 잡고 계속 따라가다 보면, 현실에서 멀어지는 두 곳에 이르게 됩니다. 한 곳은 과거고, 또 다른 한 곳은 미래입니다. 이렇게 생각은 하면 할수록 현실에서 멀어지게 만들고 그 결과로 행동을 삶에서 우선순위 밖으로 보내 버립니다.

심지어 부정적인 생각은 현재에서 벗어나 과거로 되돌아가면서 감정의 손을 잡고 서로 얽히게 됩니다. 이때 마음은 복잡해집니다. 홀로 남은 행동은, 무섭고 두려워서 점점 굳어 가게 됩니다. 결국 부정적인 생각은 행동을 포기하게 만듭니다.

생각은 의견입니다.

나만의 주관적인 의견이 생각입니다. 남들은 그렇게 생각지 않을 수 있는, 나만의 의견일 수 있습니다. 이런 생각을 멈추기 위해서는 '사실'인지를 자문하는 것입니다. 자신에게 질문을 해야 과거나 미래로 도망가지 않고 현재에 머물 수 있습니다. 불필요한 생각을 멈출 수 있는 또 다른 방법은 현재의 행위에 집중하는 일입니다. 아침에 일찍 일어나거나 노래를 듣거나 영상을 보거나 요리를 하거나 그림을 그리거나 책을 읽거나 글을 쓰는 행위에 집중할 때, 이때는 부정적인 생각을 멈추고 현재에 머물러 있을 수 있습니다.

부정적인 생각을 반박할 수 있는 대안이 필요합니다.

꼬리에 꼬리를 무는 생각에 빠지지 않으려는 의도와 부정적인 생각을 하지 않으려는 목적이 강하면 강할수록, 방어기제인 '회피행동(avoidance behavior)'을 할 가능성이 큽니다. 너무 강하게 의식적으로 생각을 중단하려고 하기보다는 자연스럽게 행동에 집중할 수 있도록 몸을 움직여 줘야 합니다. 운동도 정해진 시간에 하고, 시간이 없다면 바쁨과 바쁨 사이에 짤막한 시간에라도 운동할 수 있어야 합니다.

부정적인 생각은 결국 자아를 위축되게 만드는 결과로 이어집니다. '할 수 있는 게 없는 것 같아', '해 놓은 것이 없는 것 같아', '앞으로도 할 수 없을 것 같아'와 같은 무능력, 무가치함, 절망감과 같은 의미 없는 부정적인 생각들로 자아가 풍선에 바람 빠지듯이 쪼그라들게 됩니다. 사소한 것이라도 분명 해낸 것들이 많습니다. 그 해낸 것들을 떠올려야 합니다. 매일 글 하나를 읽고 필사 한 번 하는 것 또한 결코, 작지 않은 행동입니다.

4장

보내지 못하는 마음을
정리해 보세요

엉망진창인 마음의 보안
불안감 위에 새긴 글자
시간의 주름들을 둘러싸고 있는 감정
마음길 위, 어두운 길을 밝히는 강력한 한 줄기 빛
시간을 쌓아 놓은 관계, 가족
울음에서 웃음까지 가는 길
양인 줄 아는 늑대
마음의 배고픔, 육아
정성과 마음이 담긴 사는 맛
온몸으로 피워 내는 대화의 꽃
비워 내야 채워지는 빛

01
엉망진창인 마음의 보안

> "남편에게 주말에 애들 좀 봐 달라고 하니 짜증만 내고 그냥 친구들과 술 마시러 나가 버리는 모습에 억울하고 아프기까지 합니다."

> "엄마 혼자 육아를 하다 보면, 막 연주를 끝낸 연주자의 침묵에 가까운 숨소리를 경험할 때가 많습니다."

사랑하고도 불행한 관계가 아픔을 더하게 됩니다.

견디고 견뎌야 하는 마지막 참을성의 끝자락까지 달려가 삶의 난간에 기대서 얼마 남지 않은 촛불의 심정이 됩니다. 마음의 분침이 툭 하고 내려앉는 순간을 매일 목격하면서 자꾸만 길어지는 그림자의 발목을 잡아 보기도 합니다. 그르렁대는 생활 상처의 리듬을 타다가 엉성하게 엮인 신발 끈처럼 마음도 엉성해져 버립니다. 꺼낼 수도 집어넣을 수도 없는 눈빛으로 축축하고 차가운 하루를 살아갈 때가 많습니다.

 부부는 서로를 객관적인 시선으로 상대를 보는 것이 가능한데도, 이미 멈출 수 없을 정도로 온몸과 마음에 실망이 덕지덕지 붙어서 떨어지지 않습니다. 일부러 헌신을 내어주고 시작한 결혼 생활이지만 어느새 내 전부를 지배한 아픔 때문에 파멸을 향해 걸어가는 경우가 허다합니다. 가볍기도 하고 무겁기도 하다가, 억지를 쓰기도 투정을 부리기도 하다가, 점점 그런 균형도 깨져서 다시 회복할 수 없는 관계로 남아 버립니다.

 2016년 캐나다 맥길대학교 루이스 파일로트 교수팀은 〈아빠든 엄마든 집안일과 육아를 전담할 때 건강에 악영향을 미친다〉라는 논문을 『미국심장학회지』에 발표했습니다. 이 논문에서는 18세에서 55세까지 심혈관 질환자 1,000명을 대상으로 설문 조사를 실시했습니다.

연구 결과, 집안일과 육아를 혼자서 전담할 때 불안과 스트레스가 심혈관계에 부정적인 영향을 미치게 되는 것으로 드러났습니다. 특정한 성별과는 상관없이 너무 지나치게 정형화된 성역할 그대로 따라 하면 건강에 해로운 것으로 나타났습니다.

우리나라 문화는 더하면 더했지, 덜하지 않을 것입니다.

마음을 강요받다 보면, 상대의 마음과 연결되었던 길이 끊어지고 더는 되돌아갈 길을 잃어버리게 됩니다. 끊어진 서로의 마음을 다잡아 주기 위해서는 상대와 상관없이 내 마음부터 보살펴야 합니다. 이미 닫혀 버리고 깨져 버린 내 마음을 보듬기 위해서는 따뜻한 글자를 떠먹여 주는 시간이 필요합니다.

마음의 보안은 생각보다 엉망진창입니다.

이럴 때는 책이 "약"입니다. 구급차의 일인용 침대처럼 편안하게 마음을 눕혀 토닥여 줍니다. 사이렌이 울려 퍼지는 생각도 멈추는 버튼이 있다는 사실을 알려 주고 그 버튼을 누를 수 있는 지혜의 손길이 되어 줍니다. 지혜의 손길을 항상 잡고 있다면, 다가오는 상처도 답답한 마음도 한꺼번에 삼켜 버릴 수 있을 만큼 단단해질 수 있을 것입니다.

02
불안감 위에 새긴 글자

> "제가 많이 불안한 사람인데요.
> 아이들이 저 같을까 봐
> 더 불안하고 초조해집니다."

> "도망치지 않아야 합니다."

아이들은 부모가 만나는 삶의 경계에서 새어 나오는 내밀함을 캐냅니다.

길을 걷고 있을 땐 다리를 만질 수 없는 것처럼, 현실을 뚫고 묵묵히 걸어가면 불안의 다리를 만질 시간조차 주어지지 않습니다. 반대로 불안 때문에 내가 사라지는 순간 자녀는 절망의 왕관을 쓰고 가장 가난한 자가 되어 버립니다. 부모에게 건네받은 불안은 자녀의 심장에서 오래 사라지지 않고 돌처럼 굳어진 가시를 지니게 됩니다.

그 가시가 지배하는 낮과 밤을 보내야 합니다. 온몸에 가시가 있어 밤새 침대를 찢기도 하고 온몸과 마음을 회복해야 할 밤에 아무것도 회복되지 못하고 어느 것도 털어 내지 못하게 됩니다. 낮에는 출구를 찾지 못한 불안들이 나를 향해 공격해서 이따금 설명할 수 없는 아픔과 슬픔의 불꽃이 일어납니다. 그 불안의 층층들 사이로 자녀의 한숨과 절망이 빠져나가지 않도록 매일 불안 한 자락을 접는 훈련을 해야 합니다.

2022년 영국 브리스톨대학교 매디 다이어 교수팀은 〈불안감을 느끼면 다른 사람들이 표현하는 감정을 잘 읽지 못한다〉라는 논문을 영국 『왕립학회지(Royal Society)』에 발표했습니다. 이 논문에서는 48명의 참가자를 대상으로 면접이나 대중 연설 또는 누군가를 처음 만나는 것과 같은 상황을 연출한 뒤, 타인의 표정을 잘 인지하는지를 실험했습니다. 그 결과 불안감이 높을수록 타인의 감정을 인지하지 못하는 것으로 나타났습니다.

이러한 결과는 불안을 느낄 수 있는 상황에서 스트레스를 받으면, 뇌가 위협을 처리하는 방식에 영향을 받는 것이 원인이었습니다. 스트레스로 인한 불안감은 상대의 무표정한 얼굴 위에 자신이 느끼는 부정적인 감정으로 찌푸리는 얼굴로 인식하게 되었습니다. 즉, 상대를 바라보는 사람의 부정적인 느낌과 감정이 전달되고 상대방의 여러 감정을 제대로 읽어 내지 못하는 문제로 연결되는 것입니다.

따뜻한 풀빵 같은 책으로 차가워진 감정을 데워야 합니다.

하루의 시간을 넘으면 공기의 맛부터 바뀌는 법인데 아침에 눈을 떠서도 부정적인 감정의 밀도가 그대로라면 그냥 둬서는 안 됩니다. 감정을 회복시키는 열쇠는 글자에 있습니다. 풀 수 없을 것 같은 암호 같은 감정도, 낙서만큼의 가치도 없는 불안을 온 마음에 갈겨 그림이라 우기는 상태도 글자와 만날 때만큼은 마음 문을 열고 들어가 깨끗하게 지워 낼 힘이 생깁니다.

창문은 창밖에 서 있는 나를 보게 합니다. 글자도 이와 같습니다. 글자의 창문을 열면 창 안에 서서 불안을 세어 보는 나 자신을 볼 수 있습니다. 글자의 불을 환하게 켜면, 창밖에 서 있는 나와 창 안에 서 있는 내가 함께 손을 잡고 잊고 있던 눈 맞춤을 시작할 수 있게 됩니다.

깁스에 적어 주는 낙서들처럼, 불안감 위에 글자를 새기면 새길수록 온 가족이 단단해질 것입니다.

03
시간의 주름들을 둘러싸고 있는 감정

> "저는 사랑이 가장 어려워요. 사랑도 심리학 공부처럼 배울 수 있나요?"

심리학자 에리히 프롬은 죽을 때까지 '사랑'만 연구하다 떠났습니다.

『사랑의 기술』, 『소유냐 존재냐』, 『자유로부터의 도피』. 사실 사랑에 대한 정답은 없지만, 해답은 있기에 많은 이들이 연구하고 있습니다. 또 이성적 사랑, 부부의 사랑, 가족의 사랑, 우정의 사랑, 인류적 사랑 등등 종류가 끝도 없습니다. 저는 이 중에서 '부모-자녀의 사랑'과 '부부의 사랑'에 관심이 많습니다.

어찌 되었건 사랑이라는 것은 '관계'에 대한 문제입니다.

온전히 혼자가 되는 일은 자신을 확인하고 동시에 타인을 발견하게 되는 과정이기도 하지만 '관계'를 뺀다면, 타인에게서 오는 감정은 지독한 그리움이고 슬픔이 됩니다. 슬픔과 정면으로 마주하는 일은 곧, 사람 마음을 누르는 내면의 '외로움'이 됩니다. 외로움은 힘이기도 하지만 슬픔이기도 합니다. '관계 없는 관망'은 타인의 삶을 온몸으로 겪을 수가 없습니다. 이러한 이유로 홀로 여행은 갈 수 있지만 타인 없는 여행을 삶으로 살기에는 불가능한 일이기도 합니다.

관계는 시각적으로 타인을 바라보고, 대화를 나누고, 어떠한 행동을 주고받는 것입니다.

자녀와의 관계에서는 보살핌을 비벼야 합니다. 보살핌의 시각+대화+행동의 틀(frame)이 부모-자녀 관계의 틀입니다. 또 부부는 '존중'의 틀입니다. 파도처럼 하루에도 수백 번 출렁이는 움직임이 보살핌과 존중이고 그것이 사랑의 틀입니다.

그런데 이런 건강한 관계의 틀을 깨트려서 '사랑'을 혼란스럽게 만드는 것을 바로 '분열적 생각(splitting thinking)'이라고 합니다. 영국 정신분석학자인 멜라니 클라인(Melanie Klein)이 제시한 용어입니다. 이런 분열적 사고는 가족의 사랑에 최악으로 달려가는 문제의 시작이 됩니다. 감정 자체를 극단적으로 극과 극을 오갈 수 있게 만드는 혼란입니다. 이런 감정의 요동은 고스란히 관계의 요동으로 이어질 수밖에 없습니다. 그 진폭은 커지면 커질수록 파장은 강해지고 결국 요동치는 감정으로 인해 모든 관계가 파괴되기도 합니다.

결국 내가 불안정해지면 '관계'는 흔들리게 됩니다.

시간의 주름들을 둘러싸고 있는 감정들을 더듬으면서 살펴보는 습관을 지녀야 합니다. 내 마음을 흔들리게 만드는 분열적 사고가 다가오려는 수작을 부리면, 과감히 일어나 몸을 움직여서 털어 내야 합니다. 생각 먼지도 감정 먼지도 놀랍게 몸을 움직이는 것으로 쉽게 털려서 날아가 버립니다.

이 먼지들이 너무 깊숙이 찌꺼기로 자리 잡았다면, 독서를 통해 글자의 꼬챙이로 긁어내서 대청소해야 합니다. 그래야 밝게 볼 수 있고 시간의 주름들도 펴지게 됩니다.

04
마음길 위, 어두운 길을 밝히는 강력한 한 줄기 빛

어제는 상담 전화로 종일 파김치였습니다.

열심히 가족을 위해 일했는데, 자신에게 돌아온 것은 한겨울의 눈보다 더 많은 눈이 자신을 감싸서 그 안에 갇혀 버린 듯한 외로움 때문에 마음이 아프다는 인천에 사는 어느 아버지의 전화. 몇 분 후 인천에 사는 엄마에게서 다급하게 걸려 온 전화. 고등학교 3학년 딸이, 아빠가 자신을 동생 앞에서 무시하고 사랑을 주지 않았다며 자살 시도를 해서 온 가족이 칼끝에 베인 듯 가슴이 아린다고 했습니다. 유독 이 두 전화로 온몸이 땅에 닿도록 우울로 축축하게 젖었습니다.

가족을 위해 열심히 일했다는 아빠와 사랑을 받지 못해 스스로 심장을 찢으려 한 딸의 이야기가 교차하였습니다. 무엇이 이들의 운명을 갈라놓은 것일까요. 가족살이의 앞면과 뒷면을 새삼 확인하는 하루였습니다. 물먹은 종이 상자처럼 무거운 마음으로 점심시간에 반찬을 보며 멍하니 있었습니다. 이런 걸 '반멍'이라고 해야 하나요, 축축한 마음 때문에 불멍을 하고 싶었던 하루였습니다.

두 전화에서 모두 '사진 치료 기법'을 알려 드렸습니다. 상담에서 사진 치료는 옛날 사진을 보는 것만으로도 우울한 감정이 미끄럼 타듯 내려가고, 숨바꼭질처럼 잊고 있던 가족의 사랑을 재발견하는 데 탁월한 효과를 보입니다. 그래서 자녀들이 태어났을 때부터 지금까지 찍은 사진을 보면서 과거를 회상하도록 권했습니다.

2019년 케임브리지대학교 연구팀이 〈과거 좋았던 때를 떠올리는 것이 우울증 예방에 도움이 된다(Positive memory specificity is associated with reduced vulnerability to depression)〉라는 논문을 『네이처 휴

먼 비헤이비어(Nature Human Behaviour)」에 발표한 적이 있습니다.

연구팀은 평균 연령 14세 아동 427명의 정신 건강 데이터를 모아서 분석했습니다. 연구 결과, 부정적인 생각을 떠올린 아이일수록 스트레스 호르몬인 코르티솔의 높은 수치가 나타났고, 우울증 위험률과 연관을 보였습니다. 반대로 행복했던 기억을 많이 떠올린 아이는 부정적인 생각을 하는 비율도 줄었고 코르티솔 수치도 낮아지는 것을 보였습니다.

결과적으로 행복했던 과거를 회상하는 과정이 '회복 탄력성(resilience)'을 높여서 우울증 예방에 도움을 준 것입니다. 심리학에서는 다양한 역경과 상처에 대한 인식을 도약의 발판으로 삼아 더 높이 뛰어오르게 만드는 마음의 근력을 '회복 탄력성'이라고 합니다.

이처럼 과거를 떠올리더라도 좋은 기억을 떠올리는 과정은 스트레스 수치를 떨어뜨리고 외상 후 성장을 할 수 있는 힘을 가져다줍니다. 철저히 은둔 속 외로움과 친구로 오랫동안 사귀는 자녀나 가족이 있더라도 과거 행복했던 순간은 존재합니다. 그때 그 순간을 품고 있는 사진들을 보여 주면서 잠자고 있던 행복과 사랑의 최고치를 경험하게 만들어야 합니다.

사실 시간의 결로 쌓이고 쌓인 단단한 우울의 나이테는 어떤 연마제를 사용하더라도 쉽사리 연마되지 않습니다. 어지간한 충격과 작용에도 쉽사리 변화되거나 파괴되지도 않습니다. 일시적인 관심은 일시적인 회복을 느끼게 만들기는 하지만, 진정한 안정감을 느끼게 만들지는 않습니다.

그래서 부정적인 생각이 유랑을 멈추고 건강한 마음이 정착할 수 있도록 '사랑을 주고받았던 사진'을 오랫동안 자주 바라봐야 합니다. 지나간 가족의 사진으로부터 고스란히 눈으로 받아 적은 사랑으로 지금 느끼는 고통을 해독하고 분석하면서 힘들어하기보다, 이 순간에 내가 바라볼 수 있는 또 다른 긍정적인 삶의 측면을 보면서 마음길 위에 어두운 길을 밝히는 강력한 한 줄기 빛을 내려받아야 합니다.

 마음에 녹슨 채 매몰되어 있는 희망의 생사를, 지나간 가족의 사진을 꺼내 보며 다시 확인하는 시간을 가지시길 바랍니다.

05
시간을 쌓아 놓은 관계, 가족

> "미워 죽겠어요. 같이 있는 것 자체가 너무 힘들어요. 그래도 견뎌야 할까요?"

온몸의 진을 모두 뺀 사람 특유의 위태로운 질문입니다. 풀 수 없는 숙제를 앞에 놓은 것처럼 답답한 물음이기도 합니다. 이 굴레에서 벗어날 수 있을까요? 정말 영원히 불가능한 일일까요? 굴레 속에 갇혀 있는 그 마음에 먼저 위로를 보내 드립니다.

헤어지는 것과 함께하는 것, 둘 중 하나를 선택해야 하겠지만 미워하는 감정은 별개의 것입니다. 미워하는 게 얼마나 고통스러운지 잘 알고 있기에, 미워하는 마음에서 꽃이 피어나는 걸 본 적이 없기에, 그래서 더욱 정성스럽게 여러분의 마음에는 어떤 미움도 싹트지 않기를 바랍니다.

 겉으로 별문제가 없는 것처럼 보이기 위해 남들보다 몇 배 이상의 노력을 다해 왔을 겁니다. 미움을 품은 채 살아가는 것이 얼마나 고통스러운지 주삿바늘 찌르듯 매일 아침저녁으로 각인시키듯 힘든 침묵의 대화를 이어 왔을 겁니다. 찢어지는 마음을 자식들 성장하는 모습 뒤에 감추고 여전히 통증을 털어 내지 못한 채 참아 내고 있는 것도 압니다.

 집을 이사할 때 알게 되는 것이 있습니다. 집은 사람 손으로 싸는 게 아니라 시간이 쌓아 놓는 거라는 사실을. 그만큼 가족의 관계도 시간이 쌓아 놓은 겁니다. 막상 하나씩 포장하려면 숨어 있던 것들이 나옵니다. 욕심을 쌓으며 살았다는 생각이 올라옵니다. 몸도 마음도 주변도 정리할 때가 된 것입니다.

 2011년 미국 펜실베이니아주립대학교 연구팀은 〈건

강한 희망: 미래 긍정적인 감정의 효과(Helpful hopefulness: the effects of future positive emotions on consumption)〉에 대한 논문을 발표했습니다.

이 연구에서는 참가자들이 긍정적인 감정을 과거, 현재, 미래 중 어떤 시점에 중점을 두는지를 설문 조사했습니다. 그 결과, 희망에 대한 미래에 초점을 둔 긍정적인 참가자들은 과거에 초점을 두고 부정적인 감정을 가진 참가자들보다 적극성과 자기 통제력이 더 강한 것으로 나타났습니다.

거의 놓아 버린 의식 사이로 느닷없이 부정적인 감정은 끼어듭니다. 끼어드는 부정적인 소음 때문에 몸과 마음에 깃들었던 희망도 화들짝 놀라서 저만치 달아나 버립니다. 달아난 희망은 돌아올 기미가 없고 실현 안 될 생각만 꼬리를 뭅니다. 긍정적인 생각과 부정적인 생각은 공존할 수가 없습니다.

슬픔의 몸살에서 벗어나지 못한 몸은 먼지 한 톨의

무게에도 움찔움찔 반응합니다. 쏟아지는 우울 탓에 밤새 설친 희망을 조금이라도 보충해 보겠다는 계획을 아예 접어 두고 마는 경우가 허다합니다.

특별히 낙담하거나 불안에 떨지 않아야 합니다. 아무것도 갖지는 않았지만, 또 준비된 것도 없지만, 무언가 새로운 일을 할 수 있을 거라는 낙관 섞인 희망으로 자신을 스스로 다독거려야 합니다.

다짐! 슬퍼하지도 괴로워하지도 말자는 그 다짐이 필요합니다. 그런 다짐을 차곡차곡 꾸려 넣어서 앞으로 한 걸음 두 걸음 걸어가야 합니다.

희망은 절망을 거름 삼아 싹을 틔운다는 말을 믿고 나아가야 합니다. 불쑥 미움이나 그 사촌 격인 우울 슬픔과 같은 감정들이 올라오면 쓰다 버린 원고지처럼 구겨서 버리고, 마음 위에 새롭게 희망의 글자를 써 나가길 바랍니다.

06
울음에서 웃음까지 가는 길

> "가족의 불편한 말 때문에 웃음이 사라졌어요."

마음밭에 잡초가 돋아나지 않는 길, 바로 소중한 말과 글자의 씨앗을 뿌리는 방법입니다. 그 씨앗은 잘 자라서 어지럽혀진 마음을 쓸어 주는 따뜻한 손길이 됩니다. 심은 것이 없어서 거둘 것이 더욱 없을 때는 매일 나 자신에게 소중한 말과 글의 편지를 써 보내야 합니다.

니체는 이렇게 말했습니다. '나는 책 한 권을 읽었다. 그리고 내 모든 생이 바뀌었다.'

가족이 한 사람의 인생을 힘들게 만들기도 하지만, 좋은 책 한 권과 스스로 긍정적인 생각을 하고 웃으려고 노력하는 습관은 불행한 인생을 회복하고 바꿔 놓는 힘을 가집니다. 무엇과 만나든 만남은 교감이며 변화입니다. 좋은 책을 읽고 마음속에 긍정 단어들이 환하게 솟구치면서 웃음으로 이어지게 됩니다.

웃음으로 접어드는 길의 어귀에 서서 드나드는 법을 잊어버린 채 마음이 차갑게 굳어져 울음의 길만 반복하다 보면 내가 나를 깨워 일으킬 수 있는 의지를 잃어버리게 되기도 합니다.

끊임없이 웃는 연습을 하셔야 합니다. 마음속 주머니에서 꺼내 굳어져 가는 마음 위에 웃음을 뿌려 심폐 소생술을 해야 합니다. 인공적인 웃음도 반복하다 보면 천연 웃음보다 강력한 힘을 가집니다. 웃지 못하는 것은 아마도 마음이 지쳐서 그럴 수도 있습니다. 생각 따라 마음이 웃는 것이 아니라, 마음이 웃는 주름에 따라 생각이 이어지는 것입니다.

2012년 미국 캔자스대학교 타라 크래프트 교수팀은 웃으면 신체적, 정서적 행복을 느끼게 만들어 주는 엔도르핀이 나오고, 기분 좋게 만드는 신경 전달 물질인 도파민의 분비는 늘리고 스트레스 호르몬인 코르티솔의 분비를 억제하며, 최대 24시간 지속적인 행복감을 느끼게 만든다는 것을 증명했습니다.

또한 메릴랜드대학교 마이클 밀러 교수의 연구에서는 웃음이 심혈관 시스템을 강화한다는 걸 입증했습니다. 밀러 교수는 실험 참가자 20명에게 슬픈 영화와 코미디를 보여 주고 혈류를 측정했습니다. 슬픈 영화를 본 뒤 지원자의 70%가 혈류가 줄었습니다.

그런데 코미디를 본 뒤에는 모든 지원자가 평균 20% 혈류가 늘었습니다. 이 논문에서는 심혈관 시스템을 돌보는 가장 좋은 방법은 일주일에 최소한 30분씩 사흘 운동하는 것과 하루 15분 웃는 것이라고 결론지었습니다.

음악이 아름답다 해도 아이의 맑고 밝은 웃음을 따를 수 없고, 꽃이 화사하다 해도 활짝 핀 함박웃음보다 더 아름다울 수는 없습니다.

제가 볼 때는 울음에서 웃음까지 가는 길이 가장 멀어 보입니다.

07
양인 줄 아는 늑대

> "배우면 배울수록
> 말의 중요성을 느낍니다."

> "네, 맞습니다. 말 한마디에
> 누군가의 마음속 계절이 바뀝니다."

반가움과 한숨이 뒤섞인 말은 줄여야 합니다.

수확의 계절이 돼도 거둘 만한 게 없는 것과 같이 긴 시간 대화를 나누었지만, 찬바람만 가득한 달갑지 않은 말만 가득하다면, 나의 말이 얼마나 가난한지 살펴 봐야 합니다. 겉으로는 반갑게 만나지만 결국 대화를 나누다 보면 서로에게 행복한 존재인지 말의 품격에서 판가름이 납니다.

어떤 이는 아무리 오랜 시간 함께했더라도 잘 드는 조각칼로 새긴 듯 여린뼈마다 각인되는 아픈 말을 사용하기도 합니다. 이런 사람과는 하루빨리 관계를 끊어 내고 정리를 해야 합니다. 그와의 관계를 끊어 내지 못한다면, 그에게서 벗어나지 못하는 내 문제가 있다는 것을 인식해야 합니다.

말은 익숙함이기도 합니다.

길러 주신 부모의 말이 전신을 훑는 냉기에 오스스 소름이 돋았다면, 또 영영 날이 밝을 것 같지 않은 칠흑같이 어두운 말만 사용했다면, 놀랍게도 뼈마다 깊숙이 새겨진 기억은 시간의 힘과 손길로도 지울 수 없게 됩니다. 어린 시절의 추위가 남달랐기에 삶에서 부모 같은 이들을 만날 때면, 어떻게 또 겨울이라는 계절의 강 하나를 건너야 할지 두려워하게 됩니다.

각인된 기억은 오히려 곧잘 오지랖을 앞세워서 봄과 가을처럼 부드러운 말보다는 여름과 겨울처럼 뜨거워서 데일 것 같고 차가워서 얼어 버릴 것 같은 말을 내뱉는 이들과 소통을 하면서 부모의 흔적과 잔존을 느끼게 합니다. 한숨을 내쉬면서도 익숙함에 끌려 벗어나지 못하는 자신을 스스로 이해하지 못해 자괴감을 달고 살기도 합니다.

　세상에서 가장 위험한 사람은 양의 탈을 쓴 늑대이기도 하지만, 자신이 양인 줄 아는 늑대이기도 합니다. 늑대는 자신이 늑대라는 인식을 하지만 양인 줄 아는 늑대는 자신이 늑대가 되어 갈 수 있다는 자의식이 없을 수 있어 위험한 것입니다.

　거친 말을 사용하는 이와 대인 관계를 꾸역꾸역 이어 가는 것은 도움은커녕 걸림돌로 작용할 가능성이 큽니다. 세월의 의미는 모든 이들의 얼굴에 깊은 고랑을 씌우는 것처럼, 자신이 들은 말과 사용하는 말속에도 깊이 새겨지게 됩니다.

막막하고 난감하고 비척거리는 말을 사용하는 이들과는 하루빨리 거리를 두고 자신을 스스로 보호해야 합니다. 문제의 심각성을 인식하지 못한 채 견딘다면 그리 머지않은 미래에 목 놓아 통곡하는 상태에 이르게 됩니다. 거친 말을 하는 이들로부터 멀어지기만 해도 사람풍경이 달라집니다. 평소에 들리지 않았던 것들이 귀에 들리고 눈에 띄기 시작합니다. 거친 언어에서 벗어나 결 고운 햇살 같은 언어를 만나기 시작하면, 삶에서 사람풍경이 달라지기 시작하는 것입니다.

08
마음의 배고픔, 육아

"정말 육아는 너무 힘들어요.
돈도 그렇고, 생각은 점점
피폐해지는 것 같고."

"육아하다 보면 생활이란 말보다는
생존이란 말이 더 절실하게 느껴지기도 합니다."

살아서 활동하는 생활이 아니라 잠도 못 자고 돈도 걱정이고….

생명을 유지하는 생존에 위협을 받기 때문에 생활이 제대로 되지 않는 경우가 허다합니다. 열심히 노력해도 나아지지 않는 것이 요즘 생활이고 최선을 다해도 최악이 거듭되는 것이 요즘 현실입니다. 아이를 낳고 기르면서 이전에 가졌던 꿈이 무엇이었는지 기억조차 나지 않는 경우도 허다합니다.

꿈은 이루어지는 것이 아니라 잃어버려지는 것이라는 말을 들을 때마다 할 말을 잃게 됩니다. 아이들을 기르면서 삶이 매우 어려울수록, 꿈을 하나씩 잃어버리는 것처럼 느껴질 때는 좀 서글퍼지는 것도 사실입니다. 삶을 걸어가고 있지만 나아가지 않는다는 생각이 들 때 삶이 쓸쓸하다고 느껴집니다. 그런데도 한 그릇의 밥을 먹기보다 정신의 밥 한 상 차리는 것이 더 중요하다는 것을 잊어서는 안 됩니다.

절망감이 밤을 가득 채우지 않게 해야 합니다.

아무리 삶이 나를 속인다는 생각이 들어도 시간의 발은 날개를 달았기에 금방 지나간다는 것을 믿어야 합니다. 삶의 시간은 직선이지만 마음의 시간은 곡선입니다. 끝이 빤히 보이는 직선으로만 삶을 바라보지 않고, 보이지 않는 어떤 따뜻한 희망의 곡선을 보면 좋겠습니다.

앞을 모르고 가늠할 수 없기에 살 만한 것입니다. 지금의 상황은 분명히 좋아지고 바뀔 것입니다. 삶에 배어 있는 소금기를 씻을 수 있도록 묵묵히 걸어가야 합니다. 육아하는 부모의 삶은 땀과 눈물이 만든 간간하고 찝찔한 그 무엇입니다.

하루하루가 희망 없는 반복이라 할지라도, 자녀가 태어날 때와 아이들이 자라는 모습을 보면 심장이 먼저 뛰어야 합니다. 육아는 4계절이 아니라 2계절입니다. 겨울이 깊으면 봄이 멀지 않았다는 증거이기도 합니다. 힘겨운 겨울처럼 보이다가도 갑자기 봄이 찾아옵니다. 한 번도 봄 맞을 준비를 해 본 적이 없다면 지금이라도 준비를 해야 합니다.

2021년 오스트레일리아 RMIT대학교 연구팀에 따르면, '정신없이 바쁘게 보내면 육아 중에 덜 불안하지 않을까'라는 생각이 틀렸다는 연구 결과를 보여 주었습니다. 이 연구에서는 95명의 참가자에게 주로 어떤 활동을 하는 데 시간을 할애하는지와 정서 상태에 대해 평가했습니다. 결과적으로 단순히 바쁘게만 보내는 것으로 육아에 있어서 불안한 감정을 추스르는 데 도움이 되지 않는 것으로 나타났습니다. 그보다 독서와 운동 같은 보다 의미 있는 활동을 시도할 때, 감정 기복이 심하지 않도록 기분을 제어할 수 있고 좀 더 차분하고 안정적인 상태에 이르는 것으로 나타났습니다.

배가 고픈 것도 견디기 힘들지만, 마음이 고픈 것은 더욱 견디기 힘듭니다. 육아와 삶이 막막해도 마음은 추운 겨울이 됩니다. 얼어붙은 마음에 글자의 씨를 뿌려서 녹게 하고 꽃도 피우면 좋겠습니다.

09
정성과 마음이 담긴 사는 맛

> "'네가 뭘 알아?', '내 스트레스를 네가 알아?' 하면서 더 화내면, 자리를 피해서 혼자 둬야 할까요? 아니면 대화를 해야 할까요?"

러시아의 대문호 레프 톨스토이의 『안나 카레니나』의 첫 문장에는 이런 말이 나옵니다. '행복한 가정은 서로 닮았지만, 불행한 가정은 모두 저마다의 이유로 불행하다.' 이 말처럼 간단치 않은 문제입니다. '간단치 않다'라는 말은 비뚤어지고 꼬인 시간이 길어서 반대로 바로 잡고 꼬인 것을 풀어내는 시간이 필요하다는 말입니다.

물론 한 번에 풀어낼 수도 있습니다. 잘라 버리는 것

입니다. 자르지 않고 만약 시간이 걸리더라도 회복하고 싶다면, '상대가 변하지 않는다'라는 생각보다 나의 변화에 초점을 맞춰야 합니다. 또한 자기 점검이 없는 삶의 경험은 우리 뇌 속에 그저 단순한 기억으로 축적될 뿐입니다.

2014년 미국 로체스터대학교 로널드 로기 교수팀은 친밀한 부부의 문제를 다룬 174편의 논문들을 분석했습니다. 이 논문들은 수용-전념 치료(acceptance-commitment therapy), 마음 챙김(mindfulness), 감정 조절(emotional regulation)에 관련한 것들이었습니다.

분석 결과, 친밀하고 건강한 부부의 핵심은 바로 '감정적 유연함'이었습니다. 감정적 유연함에는 5가지의 요소가 존재합니다.

1. 힘들고 어려운 상황을 수용하는 개방성
2. 이해하기 어려운 상황을 안정적으로 인식하는 마음가짐
3. 집착하지 않는 느긋함

4. 상황에서 벗어나 넓게 볼 수 있는 시각
5. 핵심 가치를 이해하고 유지하는 자세

위 5가지의 핵심을 잘 이해하기 위해서는 반대 개념을 이해하면 됩니다. 감정적 유연함의 반대는 감정적 경직성입니다. 감정적 경직성에도 5가지 요소가 존재합니다. 힘든 상황을 회피하는 회피성, 모든 상황을 불안으로 인식하는 마음, 과도하게 집착하는 모습, 상황에 얽매여 있는 폐쇄성, 상황에서 집중력을 잃고 자책하는 자기 파괴성입니다.

이렇게 감정적 유연함은 높이고, 감정적 경직성을 내릴수 있는 방법 중 한 가지는 바로 부부가 함께 영화를 보는 것입니다.

로널드 로기 교수가 2014년도 348명의 부부를 대상으로 실험을 했습니다. 이 실험에서는 '부부나 연인과 관련한 영화들'을 보고 이야기를 나누게 했습니다.

실험 결과, 일반 부부의 이혼이나 별거 위험 24%보다 크게 낮은 11%로 떨어진 것으로 나타났습니다. 여기에 사용된 영화들은 「이보다 더 좋을 순 없다」, 「남자가 사랑할 때」, 「바람과 함께 사라지다」, 「러브스토리」, 「은밀한 유혹」, 「나인 먼쓰」 같은 영화들입니다.

 사소한 상대의 눈짓과 손짓에 담긴 메시지를 읽어야 할 때가 있습니다. 그리고 나 자신도 느끼지 못했던 나의 뾰족하거나 딱딱한 말투를 점검해 봐야 합니다.
 옛날 된장을 담글 때는 성격 강한 사람들의 접근을 꺼리고 각별하게 언행도 조심했다고 들었습니다. 장맛이 나빠진다고 여겼기 때문입니다. 음식에도 이런 정성과 마음을 담았습니다. 하물며 부부의 관계나 가족의 관계에서는 말과 행동을 더욱 조심해야 사는 맛이 나게 됩니다.

 기타를 메고 다닌다고 다 기타리스트가 아닙니다. 학벌 좋다고 인성까지 좋은 것도 아닙니다. 또 심리학 글을 매일 읽는다고 심리학자가 아닙니다. 실천해야 합니다. 겉만 보고 속는 것은 어쩌면 남에게 속는 것이 아니라 자신에게 속는 것일지도 모릅니다.

'기억이 안 납니다', '그런 글을 읽은 적이 없습니다' 살면서 불리하면 우리는 상습적으로 기억상실증에 걸립니다. 또, 모든 것에 불만인 분들도 많습니다. 이런 분들은 불만이 버릇처럼 되어 모든 것에 시각이 균형을 잃어버립니다. 강은 끊임없이 흐르고 있어서 불만이고, 산은 끊임없이 정지해 있어서 불만인 분들입니다. 너무 많은 불만도 문제고, 너무 많은 잣대도 스스로를 아프게 만드는 기준들입니다.

살면서 여러 번 생선 가시가 목구멍에 걸린 기억은 있지만, 어떻게 해결했는지 그 방식은 기억이 나지 않습니다. 앞으로는 어떠한 상황에서 어찌 해결했는지 그 방법을 기억하는 삶이면 좋겠습니다.

10
온몸으로 피워 내는 대화의 꽃

> "대화하면서 집중을 안 하는 남편이 미운데요, 시간이 지나면 바뀔까요?"

> "시간이 흐른다고 자연히 바뀌지 않습니다. 서로의 대화에 귀 기울여야 마음 조각이 흩어지지 않습니다."

모든 가족은 '가족'이라는 병을 앓고 있습니다.

남편과 아내라는 위치가 무슨 권력처럼 대화의 꽃까지 못 피우게 하는 걸 보면서, 가장 기본적인 대화 예절을 지켜야 한다고 생각합니다. 서로의 눈빛이 따뜻해지면 대화의 꽃들은 활짝 필 것이지만, 차가운 눈빛이나 쳐다보지도 않는다면 서로의 마음에는 가슴 저리고 시든 꽃만 가득할 겁니다.

 어린나무가 처음에 뿌리가 잘 붙으면 버팀목이나 울타리가 필요 없듯이 대화의 첫 시작과 첫 출발은 대화를 좌우할 수 있는 첫걸음입니다. 무슨 일이든 시작을 잘하면 끝이 있을 거지만 그렇지 않으면 도달점도 없습니다. 대화가 그렇습니다. 눈을 보며 대화를 시작하지 않으면 버림받은 기분에 젖어서 마음을 서늘하게 합니다.

 상대의 말이 심장에 깊숙이 들어와 박히려면 언어가 아니라 비언어가 중요합니다.

 자연스러운 눈 맞춤, 긍정적인 눈빛, 경청하는 자세, 부드러운 태도, 이러한 비언어가 대화에서는 가장 중요하고, 말하는 이든, 듣는 이든, 가슴에 지극한 감동과 파문을 일으키게 됩니다. 대화의 꽃을 피우기 위해서는 온몸으로 집중해야 합니다.

2021년 뉴욕시립대학교 루카스 패라 교수팀은 〈경청할 때 심장 박동 수의 동기화가 일어난다〉라는 논문을 발표했습니다. 이 논문에서는 참가자들이 책을 읽어줄 때 심박수가 증가하거나 감소하는 동조현상을 살펴보았습니다. 책 내용을 들려주면서 머릿속으로 숫자를 거꾸로 세게 했을 때는 주의력이 흐트러지면서 심박수 동조현상이 일어나지 않는 것으로 드러났습니다.

　이 논문을 통해 알 수 있는 사실은, 대화할 때 단순히 이야기에 귀 기울이고 내용에 반응하는 것만으로도 서로의 심박수가 비슷하게 변동을 일으키고 생리현상의 동조가 이뤄진다는 것입니다. 중요한 사실은 듣는 사람이 이야기 속의 행동에 주의를 기울이고 다음에 무슨 일이 일어날지에 대해 생각하며 듣기만 해도 심장은 뇌로부터의 신호에 반응한다는 것입니다.

　또 오해가 반복해서 불만이 쌓이지 않도록 자신의 느낌을 구체적으로 알아야 합니다.

이러한 비언어적인 기본도 중요하지만, 대화의 기초도 필요합니다. 바로 '자신의 감정 알아차리기'입니다. 서운한 감정과 느낌을 구체적이고 명확하게 전달해야 합니다. 아이들도 그렇지만 성인들에게도 모호한 불편감이 아니라 구체적인 감정을 알고 표현하는 일은 쉽지 않은 일입니다. 모호함을 구체화하기만 해도 짜증의 실마리를 풀어낼 수 있을 것입니다.

이때 '안전하게 표현하고 전달하는 것'도 중요합니다. 상대가 들을 준비가 되어 있는지 살펴보는 것이 안전한 전달 방법 중 하나입니다. 시간이 지나면, 세월이 흐르면, 다 해결될 거라는 마법 같은 생각은 버려야 합니다.

11
비워 내야 채워지는 빛

> "남편이 너무 자주 발끈하고 화를 내서 힘들어요."

지난 세월 매일 이별하듯 시간을 보내서 그런지 더 큰 이별에 대한 감각을 잊어버리고 살아가는 부부가 많습니다. 버리는 쪽보다는 버림받는 쪽을 선택하다가 시간은 결국 지금이라는 결과를 토해 놓았습니다.

벌컥벌컥, 매일 슬픔을 마셔 대서 그런지 온몸은 우울 그 자체입니다.

콜록콜록, 생각은 늘 감기에 걸려 열이 떨어질 기미가 보이지 않습니다.

남편이 흔드는 대로 내 마음의 풍경이 흔들리는 것입니다. 쏟아 내고 싶은 말을 삼키고 또 삼키느라 가슴은 무너졌을 겁니다.

소리 없이 흐르는 달빛처럼 마음도 고요히 흐느껴 울다가 깨어나는 것을 어려워합니다. 남편이 문밖에 있는 걸까요. 내가 문밖에 있는 걸까요. 문 한번 밀어 보지 못하고 서성거리다가 돌아가기를 반복하면서 결혼 생활 전체가 주저함이라는 단어가 되어 버렸습니다.

어느 날 문득 마음하늘 올려다보면 돌아오지 않는 희망은 모두 슬픔으로 떠돌아다닙니다. 두 손으로 침상을 부여잡고 가슴 에도록 흐느끼는 날로 채워지는 것이 두려울 정도일 겁니다.

스스로 지우개가 되어 남편이 남긴 흔적을 지우는 방법을 배우셔야 합니다. 남편을 바꾸기엔 아내의 숨결이 너무 거칠어서 위태로워 보입니다. 초점을 나에게 맞춰야 합니다. 설령 이별의 아침이 올지라도 가슴 도려내는 아픔 열 배로 커지기 전에 나 자신의 마음으로 걸어가 귀 기울여야 합니다. 먼저 낮과 밤이 뒤엉킨 마음의 시간을 고쳐야 합니다.

2021년 미국 오하이오주립대학교 브래드 부시먼(Bred Bushman) 교수와 연구팀은 〈자기애성과 공격성의 연관성: 메타 분석 검토(The link between narcissism and aggression: A meta-analytic review)〉라는 논문을 발표했습니다. 이 논문은 전 세계 437건의 자기애(Narcissism)와 신체 및 언어적 공격성 또는 따돌림과 같은 다양한 형태의 공격성의 연관성을 분석한 논문입니다.

연구 결과, 자기애가 강한 사람은 자신이 무시당했다는 생각이 들면 발끈하기 쉽고, 자기애는 공격적이거나 폭력적인 행위의 중요한 위험 인자로 나타났습니다. 자기애성 인격에 문제가 생기면 화를 낼 공격 대상을 주의 깊게 선별하거나 가리지 않는 것으로 나타났습니다.

혹시 남편이 이러하다면, 인격에 옹이가 많은 사람일 가능성이 큽니다. 나무에 옹이가 많으면 나무 냄새가 강하듯, 마음에 상처의 옹이가 많을수록 슬픔의 냄새가 진동하게 됩니다.

슬픔은 전이됩니다.

　남편이 전하는 슬픔을 온전히 전달받지 않도록 스스로 지켜야 합니다. 가슴에 사무치는 토닥임의 소리를 들어야 합니다.

　남편이 나를 함부로 대하지 않아야 하듯, 내가 자신을 함부로 대하지 않아야 합니다. 그것이 우선입니다. 살기 위해 오늘의 밥을 먹듯, 함부로 살지 않기 위해 마르지 않는 간절함을 먹어야 합니다. 조금 천천히 말하고 조금 많이 들으며 깨달아 가면 됩니다. 모든 색깔을 버리고 버려야 비로소 맑은 빛 한 줄기 몸에 새기듯, 내 마음 고요 속으로 걸어 들어가 비우고 또 비워야 합니다.

에필로그

 지난 학창 시절 졸업 앨범을 펼치면 여실히 드러나는 시간들처럼, 다 쓴 글을 보니 덧난 시간들이 보입니다.
 더 이상 교정되지 않는 덧니 같아서 후회됩니다. 그럼에도 불구하고 이 글들을 통해 독자의 힘든 마음이 전부 사라지게 해 달라고 기도하는 마음으로 글자의 문을 닫습니다.

 부족한 책이지만, 독자의 심장을 다독이고 다독여서, 빨래 마르듯 책 읽는 동안만큼은 상처의 꽃을 피워 내지 않겠다는 다짐을 하고, 그 다짐에서부터 새로운 삶이 다시 시작되면 좋겠습니다. 그 다짐이 선택지가 아니라 그럴 수밖에 없는 정답지 같은 최종의 마음이면 좋겠습니다.

마지막으로 늘 사랑하는 가족들과 항상 겸손을 상기시켜 주시는 스승이신 정사무엘 총장님께 감사의 마음을 전합니다.

이재연·김미나 드림